大展好書　好書大展

命理與預言 61

星宿占星術

野中祐良
野中建三 / 著
楊鴻儒 / 譯

大展出版社有限公司

序言

「想要更了解自己」、「自以為適合自己而就職，但偶而又會覺得選擇錯誤呢！……」、「已論及婚嫁的情侶，有時卻會為了是否選擇正確而坐立不安呢？」——我們從出生於世界開始，每次站在分叉路時，總是為了選擇前進的路而煩惱不已。也許朝朝暮暮不斷地為自身的糾葛而痛苦、煩惱。

唯有了解自己真正想要追求的為何，以及了解自己可充分發揮真正才能的舞台，這些煩惱才得以解決。能給予我們了解「真正的自我」的線索，即所謂的「潛在性格」。

人的性格，分為易了解的部份與連自己都無法感覺的深層部份。後者的性格即為潛在性格，其實，就是支配本來之自己的性格。

潛在性格，偏向遺傳性，不易改變且宿命化。然而，「想要這

樣」「想要那樣」的意志，在心中吶喊而存在於潛在性格當中。換言之，潛在性格就是命運的根源。若未發覺這種事實，將無法得知真正充實的幸福人生，也就無從選擇。

星宿占星術，是從您的命運宿星來判斷您自己完全未發覺的潛在性格。也許占過後，會覺得「嗯！我是我行我素的人嗎？」、「怎麼跟朋友的評價不同呢？……」而產生疑問。但這才是最重要的。想要解出疑問而進行自問自答，正是自我探尋深層部份的第一步。

引導潛在性格的星宿占星術，是以中國曆日占星術為基礎，整整花費二十五年的歲月才確立完成的。本書為了讓各位讀者更進一步理解潛在性格，而揭載了生涯運、相性運、適職運以及每年的運勢。可說是從各種角度分析自我的潛在性格與幸運的選擇法。如果本書能成為人生幸運的一些精華，我將感到榮幸之至。

星宿占星術　野中祐良

目錄

第2章 支配你宿命的「生涯運」——12種宇宙能量的深淵

第3章

解讀戀愛與結婚的偶然、詭計的

「緣分、性格運」

——種潛在性格所交織的秘密

第4章

邁向幸福與充實人生的

「天職運」

——內心深處寧靜的訊息

第5章 吉或凶、你的人生起伏時的「九宿動間運」——如何因應天的數理

第1章

決定命運選擇的

「潛在性格運」

可發覺自己並未發覺的「眞正自己」

1、為何能從潛在性格看出宿命……………

潛在性格，即清楚說明自己的深層部份。

性格心理學將體質遺傳的要素視爲性格的底層，其上方爲素質（氣質），更上方爲反應（態度）的部份，而形成社會與接續一個人格像。至於潛在性格，就是其中的最底層與上一層的素質（氣質）兩層組合而成的。

其中，流通雙親與祖父母或幾個世代的祖先血脈，而具備體質、體型、容姿、性格、血型、長壽短命的遺傳基因，最後形成一個個體。

這是多麼令人不可思議的構造。然而，考察宿命的星宿占星術等命運學，將不可思議的結構，**以人的生年月曰作爲唯一的依據來進行解析**。爲何以生年月日爲關鍵呢？在此，作一簡單的說明。

宇宙天體〈星〉運行，乃是依據天文的刻度，例如：某月某日位於太陽黃經〈太陽

軌道〉第幾度之間來決定的。因此，屬於生年月日的那一天，依據宇宙天體的運行來生，可比喻在其中一起迴轉的小齒輪之一個。

在移動空間或進行時間當中，雖然被劃分成微小，但其能量〈精氣、元氣、活氣等〉卻與天體共有。不難了解**某年某月某日的某一天，宇宙能量在那一刻度中被劃分其該有的份量**。日復一日傳襲太古以來的宇宙脈動，且您的生年月日以曆日作爲基準而受到天體〈星〉的投影。

太古時代因巨大爆炸而形成宇宙時，其飛散的宇宙物質產生了無數的天體，其天體之一形成了地球，也創造了人類。

人類也是以宇宙的粉塵要素而形成的。依據命運學，自古將性格運稱爲「星」，且寄宿星之精華的您生年月日，正是地上之星。

由於如此，可了解潛在性格不但是遺傳性、宿命性的性格，而且也是從**宇宙賦予一刻度的〈生年月日〉之精氣時時刻刻產生變化的「性格」**。

古代的哲學家，將天空劃上刻度而發現了太陽與其他天體所運行的軌道，進行創造了天文曆日，尤其中國依曆日將天空劃上刻度而含蓋「陰陽五行」思想，對於人類社會的事務全然賦予意義。

性格運爲其中之一，對於當時我們生年月日只歸屬太陽與月亮的軌道的某一地點，且究竟具有何種涵意，花費不少歲月進行考察。潛在性格運以中國曆日占星術爲基礎，再加上我現今考察而完成的。

⑴本書爲讀者找出所想知道的「星」，將東洋占術常用的干支以數字表示，經過簡單的程序就能一目了然。

⑵「星」的名稱以性格爲重點，而以「型」來區分，如下表示之：

1. **單獨型** 2. **協調型** 3. **自然型** 4. **完美型** 5. **包容型**

6. **樸實型** 7. **耿直型** 8. **自律型** 9. **理想型** 10. **合理型**

不妨看看您究竟屬於哪一型。

2、掌握自己宿命「主星」的引導方法……

請參考十八頁〈**圖表1**〉。此爲「指數表」的一部份例子。該表的縱列表示生年，而橫列爲出生的月份。其交叉格中的數字稱爲「**指數**」，而以0～9的數字配列其中。所找出來的指數加上「生日」。就是您的「**星數**」。

西元一九七七年5月11日出生的人，先查縱列的西元一九七七年，接著跟橫列的5月交叉。結果此人的數字爲4。此數字加上生日的11數字，即4加11爲15，把十位數字捨去而留下個位數字。他的「星數」就是「5」。我們就以此方法來找出所想要知道的「星數」。

如果合計的數目爲10、20、30、40時，因「星數」爲一位數，故爲「0」。

以如此方式表示，星數爲0～9，爲了容易記憶，而將星數分爲0～9的傾向。

亦即星數爲8的人，其傾向爲8；4的人其傾向爲4。爲請各位讀者牢記，**但切勿**

將「指數」與「星數」混淆不清。

如果想要了解星數的計算方式，可參考十九頁〈圖表2〉的「星數分類表」。此也是星數1傾向的星數分類表的一部份。在括號中記載（5月6月7月8月出生）。

在此以6月出生的人爲例子進行說明。請查出左欄的出生月份爲6月部份。6月份中又分爲三個種類。請查閱自己生年欄下方的生日。

例如：西元一九七二年6月4日出生欄中的1～4日處的「自然型」爲其「潛在性格」。

接著的5～15日處所記載的「自然型、樸實型」爲「雙連性格型」，即具備自然型

〈圖表1〉　指數表

年＼月	1月	2月	3月	4月	5月	6月	7月	8月	9月	10月	11月	12月
西元1976年	8	9	8	9	9	0	0	1	2	2	3	3
1977年	4	5	3	4	④	5	5	6	7	7	8	8
1978年	9	0	8	9	9	0	0	1	2	2	3	3
1979年	4	5	3	4	4	5	5	6	7	7	8	8
1980年	9	0	9	0	0	1	1	2	3	3	4	4
1981年	5	6	4	5	5	6	6	7	8	8	9	9

〈圖表2〉

星數分類表　星數　1傾向的人（5月　6月　7月　8月生）

出生月份5月

出生年					
西元1948 1952 1956 1960 1964 1968 1972 1976 1977 1980 1981 1984 1985 1988 1989 1992 1993 1996 1997 2000			左記以外的人		
生　日	潛在性格型	生涯運	生　日	潛在性格型	生涯運
1～4日	包容型	自制運	1～5日	包容型	自制運
5～10日	包容型	想望運	6～11日	包容型	想望運
11～19日	耿直型	想望運	12～20日	耿直型	想望運
20～31日	自然型	想望運	21～31日	自然型	想望運

出生月份6月

出生年				
西元 1927 1931 1935	西元1972 1976 1980 1984 1988 1992 1996 1997 2000	左記以外的人		
生　日	生　日	生　日	潛在性格型	生涯運
1～6日	1～4日	1～5日	自然型	想望運
7～17日	5～15日	6～16日	自然型、樸實型	自由運
18～26日	16～24日	17～25日	樸實型	自由運
27～30日	25～30日	26～30日	完美型	自由運

出生月份7月

出生年					
西元1926 1927 1929 1930 1931 1934 1935 1938 1939 1942 1943 1946 1947 1950 1951 1954 1955 1958 1959 1963 1967 1971 1975 1979 1983 1987			左記以外的人		
生　日	潛在性格型	生涯運	生　日	潛在性格型	生涯運
1～7日	完美型	自由運	1～6日	完美型	自由運
8～17日	完美型	固定運	7～16日	完美型	固定運
18～20日	協調型	固定運	17～19日	協調型	固定運
21～31日	樸實型	固定運	20～31日	樸實型	固定運

出生月份8月

出生年					
西元1952 1956 1960 1964 1968 1972 1976 1980 1981 1984 1985 1988 1989 1992 1993 1996 1997 2000			左記以外的人		
生　日	潛在性格型	生涯運	生　日	潛在性格型	生涯運
1～6日	樸實型	固定運	1～7日	樸實型	固定運
7～17日	包容型	流水運	8～18日	包容型	流水運
18～20日	理想型	流水運	19～21日	理想型	流水運
21～31日	耿直型	流水運	22～31日	耿直型	流水運

與樸實型兩者的性格，在本文的四十二頁說明「雙連性格型」的特徵，不妨參照該項看看。

另外右側的「生涯運」在第二章的項目中扮演相當重要的角色，所以請一起讀取。

接著，請參考一五九頁以後的「指數表」，先計算您的「星數」，了解星數傾向後，再查閱一六二頁以後的「星數分類表」，以前述的方法從您的傾向頁數去找出「潛在性格型」與「生涯運」。

3、以現在才知道的〈10顆主星〉來了解你的潛在性格……

接下來，我們來看看您的潛在性格。您是主星寄宿之處，潛伏本來的性格、眞正的自己。

唯有在這裡，才能看見引導您得到幸運的命運導向，以及獲得成功的捷徑。如果您忽略了主星，而去尋找其他置身之處，則您絕對會很不幸。

然而，不必擔心。出生季節所帶來的輔助性格（參考四十六頁）或生涯運（參考四十九頁），正啓示您可能擴大自我的導向來。同時，相性（性情相合）或適職皆可以由自己去選取，因此，唯有了解自己的潛在性格，並且努力發揚光大，才會使命運好轉。潛在性格是否成爲幸福的鑰匙，關鍵就在您自己。

單獨型——走自己道路的不變之星

▽表面看來溫和大方，是一個意志強烈又不認輸的努力家。不管他人怎麼說都不改變的一棵樹木的性格，成爲其心情或生活態度的根性。不論周圍的人們跑得有多快，都不會改變原來的速度。我行我素，自己就是自己，而他人就是他人。

▽無論面臨多麼困難的問題，都會儘量不依賴他人的力量，而堅持由自己解決自己的問題。如此自主獨立的精神信念、自尊心或不埋怨的性格，是其最大的優點。因此，並非以攻擊爲重點，而以防守爲其特性。

這種「如同一棵樹木的根性」，才是最大的特點。如果未考慮這一點，就無法談論自身存在的理由。

由於缺乏圓滑或不善於阿諛奉承，所以不會自我推銷。表面上雖然溫和，但絕對不能無條件順從他人的指示，爲其頑固的一面。如果上屬指示的與自己意志相反時，將會無視其指示而採取自我本位的行動。

同時，爲同一種目的而忙得不可開交的團體生活也不適合。另外，追隨他人或改變方向（意志舉棋不定），是其最討厭的事。此型的人動作可說不太快也不太慢，且心中經常具有溫馨浪漫的氣質。是一位以自己的速度跑完人生的長跑選手。

然而，由於後年努力的結果，獲得高人一等的環境而改善了我行我素的一面，其責任感與踏實的努力開花結果後，好運就開始了。

▽如果您是女性的話，較爲缺少阿諛或嬌媚的一面。然而其誠實又可靠的性格特別受到溫和的年輕男子所喜歡，女性往往比丈夫年長，在家庭中是一位不可多得的賢內助，即使外出工作的職業女性，還是經常以家庭爲中心的生活模式爲主。

此外，我行我素，我是我，你是你，除了彼此性格極端不一致之外，即使相性運不好，也可勉強白頭到老。

但是，此星屬於大器晚成型，所以不論男女，在青年時代比較容易受到理想或喜好的支配而有晚婚的傾向。

協調型——維護自己立場的和睦之星

▽您應該自覺到自己對待他人不但和藹可親且很會居中協調。具有與任何人都容易親近的天生社交術。參加組織或社團，如魚得水活力充沛。所以有朝氣且舒暢。

但內心卻擁有強烈的自我，決不盲目聽從周圍人們的建議。這點自己也了解。其性格相當頑固，是較爲適切的說法。

然而，由於本身具有協調的能力，所以不會表現出來。這就是潛在性格。觀察力敏銳，了解人心，同時配合對方的態度，而善於應對。

雖然強烈的自我意識，但做起事業細密周到，對外能夠發揮協調的能力，而使自己的才能顯現出來。

是一位富有政治手腕或商業頭腦的交涉人才。簡言之，「在團體中會發揮自己長處且使自己成長屈壯」的人，就是屬於這一型。

如果單獨一個人的話，就無法發揮個性來。但是，其獨立心或不認輸的心態卻不允

許自己埋沒在團體之中。然而，也無法脫穎而出，而處於不好不壞的中間位子。

▽內心的強烈自我意識容易露出表面來，而在不知不覺中，從組織或社團裡脫離而成爲孤獨的一人。

此外，膽量過人，大不了一死的想法，有時必須依賴親人的照顧而拖累家族。喜歡投機，好大喜功，而有散財的傾向。

但如果這一部份的性格發揮正面效果時，將會使其領導素質的偉大運氣，大大地伸展。

以外向爲中心，由於太重視一方的結果，而使另一方嚴重不足，所以家庭運不佳。

▽如果是男性而言，則以工作或交際爲優先，往往因外遇問題而讓妻子吃苦。

此型的女性比較體貼丈夫，但也因過於嬌媚、頑固、任性等缺點，而讓丈年吃不消，甚至扯丈夫後腿，破壞了良運。

自然型——開朗、無憂無慮的自然之星

▽此型最令人羨慕，能夠的話，最好得到這一種天性的恩惠，可說屬於大方正直的性格。

自然放任主義之下，討厭束縛。如此外向的性格，好比初夏的太陽。在家庭或職場上，是一個亮麗又開朗的人氣者。

另外，具有無慾的福德，衣食住不用擔憂，終生愜意幸福，所以，對金錢無欲慾也不貪婪。沒錢時，就過著沒錢的日子，一點也不埋怨。然而，精打細算的性格，使其在金錢的出入方面相當小氣。其親人與異性都可蒙受相當的好運。

不管如何，是一個開朗、無憂無慮的自然兒，如果抬頭仰望天空，此型的人總是會嚮往宇宙無限大的永恆，看見大地時，不由自主地就會欣賞路邊綻放的花朵，同時也喜愛動物、登山、海泳、開車兜風，可說擁有一種終日過得相當充實的才能。

屬於此星的人，以演藝人員居多，因此在現實人生路上，並未鎖定一種目的而投入能量，也不會湧出鬥志來，因而生活模式比較沒有計劃。由於性格本身中具有遊戲的空間，所以缺乏明確的規劃。

▽因此，爲了充實人生，最低限度必須從事適合性格的工作。通常此型的人會在別人視爲玩樂性質當中找出工作來。

同時，自由放任的個性，使其對任何事情都不在意。所居住的房間好像寶石箱或方櫃通通翻倒四處散亂一般，華麗卻凌亂，偶而整理之後又很快恢復凌亂的狀態。

至於異性關係，並不會執著於什麼類型，但大多是開放家族與交際類型。對一切事情泰然處之，慵懶的狀態令人覺得舒服極了。由於喜愛華麗，所以在衣著方面也比較華麗。

▽應儘量避免從事受到組織束縛的職業，然而因具有精打細算的能力，所以即使目前生活很苦，也會樂觀地認爲遲早過著不被他人束縛的自在生活，而不斷地努力。

完美型——感性敏銳的毅力之星

▽外表僞裝溫和，但乍見之下卻令人覺得冷淡，其實內心具有如聖職者的柔和，以及感性敏銳的纖細神經。擁有豐富的想像力，甚至提升爲創造力的天性。細膩、潔癖又好勝，以自身能力爲傲的您，內心經常都隱藏著強烈的懷疑反抗的精神，而且具有向自我限界挑戰的強烈毅力。由於如此，一切事情都不會半途而廢，努力追求完美，而在精神上永不放鬆。

此型的人內心經常隱藏著銳利的鋼刀，絕對不露出於外表，而儘量保持鎮定，因此往往都無懈可擊。同時，自尊心強烈，害怕事情半途而廢，而當中傷失敗時，並不對外憤怒，反而責備自己，強烈的自己要求，使自己傷痕累累。

最易受傷的您，遇到這種情形時，不管精神是否已經破裂不堪，仍舊忍受孤獨，對外絕對不露出弱點而若無其事、微笑而已。可說好比「被敏銳感情的服飾所包裝的自尊心」。

▽感情起伏比他人強烈，而且有幾個缺點。如果只自己生氣、責備自己也就還好，但有時周圍的人們卻必須受到流彈的波及。由於感情的矛頭朝向自己，所以容易一面生氣一面愧疚。有時所造成的結果令人感到意外。

夫妻之間反目成仇或發展到離婚的地步，或與兒女、父母之間易生磨擦。由於您自覺自己具有強烈的性格，所以在公開場合裡或對初次見面的人，會顧慮得較爲周詳，在天生溫和的影響下，一切都顯得客客氣氣。雖然並非是缺點，卻是一種僞裝，故意掩飾自己的強悍。

除此之外，如果有人求助時，會超出能力範圍而去幫助他人，進而吃虧上當。爲了仗義直言而受到孤立，或爲了虛張聲勢而去借貸等。這些都因自尊心或好勝使然。

另外，其溫和容易受到某種刺激而變成冷淡。

▽一般而言，結婚運不佳。這是由於纖細激烈又感性所造成的。或許會不顧周圍的反對而結婚。此型的女性，若丈夫較早過世，會因自尊心或貞節問題而終其一生不再嫁。

包容型——富人情味、平民化的服務之星

▽心中經常存有吸引人的力量，無論好壞，人生都在此種作用中反覆展開。此型的人最富有人情味，是一個善良開朗的社交家，其包容力有如陽春的土壤般溫暖，人情味濃厚，不論對方的善惡、地位、金錢等問題，而誠摯地交往。

擅長平民化的辭令，運用適當的阿諛奉承或說謊技巧來說服對方，由於不會傷人，所以頗受人們好感，甚至認爲值得依賴。

因爲不嫌棄照顧他人，所以受託的機會相當多，雖然忙得不可開交，卻覺得很幸福，這都是因爲對求助的人無法拒絕的個性使然。

做任何事情講究迅速。與其說是待在家中，不如說是脫離痛苦。將家庭當作職場，而沒有內外分別的生活模式最爲舒適。

屬於有財運的星型，但即使大批進來也會大批出去。

一般而言，此星大方且度量大，因此，自然有男性本位的傾向。如果爲女性的話，

屬於賢妻良母型，這一點是此星較爲吃虧的地方。

然而，由於庶平化且富有包容力，以及「吸引人的力量」的厚道性格，所以來者不拒，去者也不追，分享他人的喜樂，分擔他人的悲哀，同情弱者，鄙視卑劣。這就是其潛在性格。

▽由於具有強烈的自我表現慾，所以性格上比較偏向極端。一刀雕刻的粗獷性格爲其個性的一部份。因此，有時會突然冷漠無情或以自我爲中心或脾氣暴躁。至於金錢方面，多半爲他人所用，很難有自己的財產。

▽男運女運方面，如果是男性的話，則人人依賴他，加上又會照顧人，所以人氣相當佳，而容易發展爲困擾的問題。親切地對待他人，但容易深入。最後演變爲桃色糾紛。

女性則屬於賢妻良母與溫柔體貼型，很少出軌。以家庭爲中心，而過著穩定的生活。

樸實型——誠實不虛僞的勤勉之星

▽不虛僞而樸實，不善於阿諛或諂媚。是個討厭邪惡的誠實正義派。外表上看來說話強硬，而容易遭受誤解，但親近之後，就會覺得値得信賴。

由於講信用，因此會腳踏實地的生活。讓人覺得認眞又古板，但心中卻具有土壤般柔軟又溫馨，人情味濃厚又會照顧家庭。

屬於多才多藝型，做任何事都可以適應，倘若做生意，必可獨得財運，然而卻不會像急風般適應社會的變化，也不會企圖一勞永逸地賺錢。

是一個勤勉正直的努力家，不但責任感強，而且相當有節操，雖然不喜愛出風頭，但對約定的事會履行到底。

踏實又耐心的信念，透過信用與正直的努力，將來必定大成。無法辜負信賴或期待的責任感與自尊心，爲其最大的優點。

然而，此型的人不喜歡虛張聲勢而一直往外發展的生活模式，而不愛出風頭的向心

力、安定的生活方式。因此，如果獲得名譽或名聲，也不會感到驕傲，仍然謙虛地過生活。

人生旅途不會走太快或走太慢，更不會虛張聲勢，每天認眞地過日子，才是眞正的性格發揮。

▽由於個性樸實，不善於阿諛奉承，所以較爲消極。但受到生涯運或出生季節等的影響，有些人再加上積極性而善於辯論，在這種情況下，其本性具有控制情緒的能力。乍看之下，對金錢支出相當小氣，但這只不過是合理主義所造成的，有必要時，卻一點也不吝嗇。但過度節儉，就容易變成吝嗇。

▽結婚運方面，男女都良好，對戀愛並不積極。但因誠實的交往與信用，愛情很快就會萌芽。然而，由於此星的愛情濃烈纏綿，比較容易產生嫉妒心的多情多恨層面，所以結婚之後，雖然不致於使家庭破裂，卻容易引起糾紛。如果相性運良好的話，就不會有問題。

耿直型——自負心強烈的正義之星

▽不會陽奉陰違地行動，一切事情都坦誠以對。因此不喜歡虛偽、阿諛或挖人隱私。不受社會上的阿諛風氣所影響，而過著愜意的生活。

此外，重視人情世故，別人求助時無法拒絕的性格，使其寧可犧牲自己而協助弱者。

女性而言，也一樣具有大姊頭的性格。必要時，任何事都不怕的勇氣與強烈的自負心聚湧而來。

擁有如此性格的人，也具備敏銳的直覺力，一眼就可看清對方的銳利眼力，擅長交際、勤勞的精神旺盛充沛。

個性強烈，基本上對組織或社團活動等團體生活不易適應。雖然如此，若不待在團體中，就無法發揮個性來，也無法脫穎而出。爲了適應社會生活，就性格而言，以單獨行動最爲適合，但其個性必須在團體中才能發揚光大。

在團體中磨練才能發亮之星型。其中，並非順從他人的意見，而是信賴自己的才能與行動來前進，才能使個性發揚光大。

在平和時期，顯不出個人的力量，反之在動亂時期，實力才能有所發揮。「自負心與個性化的行動」爲其本性。透過努力與教養，才可發揮遠見與指導力來。

▽在團體中經常表現出強烈的個性，其行動也較單獨化，所以，若未被團體所包容的話，則容易演變爲反叛的危險人物。當然與人相處容易摩擦，在背後被批評爲自我意識強、脾氣暴躁或自我主張過強的人。在憤怒之下也容易不顧利害關係而有所行動。

愛情運、家庭運方面，一般而言較爲不好。

▽男性勇往直前的個性，容易忽視對方的感情，爲達到目的往往會採取攻擊，然而一旦獲得目的後，很快就會冷卻。

女性有不走進家庭生活而獨立工作的傾向，且維持不結婚或情人的關係。男女的情懷強烈，容易感情用事。

自律型——自尊心強、重視秩序的紀律之星

▽具有什麼事都不膽怯的勇氣，但會依視周圍情勢而有所行動。儘量避免無意義的事情糾纏，且具有巧妙躲開危險的智慧。

這都是由於合理的想法所造成的，但就此情形而言，人際關係上以防止自尊心受損為目的。然而，在他人的眼光看來，有時會覺得此型的人卑劣又老奸巨猾。

守規矩，且品行端正。重視權威，以名譽為耀，可說是重名不重利的人。自尊心強，循規蹈矩，有潔癖。自制心、克制心、責任心都強烈。遵守秩序、形式、規矩，本身也順從規矩。因此，最討厭沒有節操的人。

無論居住環境、儀表都相當講究，否則就會全身不自在。不管生活多麼低下，依然不做損及品行的事。

更誇張的說，此型的人具有古代的武士或其妻子的性格。因此，不是經常受到批評，就是讓人覺得很沒有人情味，甚至帶有嚴肅、乏味、緊繃的印象。

在現代的管理社會中，要找出具有理想素質的人，實在很困難。勤勉、守秩序的個性，促使其對工作盡力赴任，以及不想出風頭。這都是因心中的自尊心所驅使而造成的結果。

▽本來人有優點也有缺點，但此星的人卻找不出有什麼特別的缺點，可說幾近於理想化。能夠的話，有一些缺點，可能會比較有人情味或人氣。

▽行動總是冷靜以對，所以人生旅程的波折也較少，且愛情運或家庭運也都較爲平順。

一般而言，女性的夫運良好，屬於賢妻良母型。男型的妻緣良好，往往受到賢內助的幫助而有所發展。

但戀愛時，總是規規矩矩，不敢越雷池一步，保持君子的風度，因此，容易讓人產生信賴感，卻不會激情過度而昏了頭。且在選擇對象時相當愼重，有晚婚的傾向。

理想型——心胸寬大的努力之星

▽個性大方，但內心卻相當有毅力，不會因困難而退縮。是一個有耐心的努力家，忍受貧窮的能力強，即使富裕也不驕縱，不求名譽，平易近人。不埋怨，具有默默忍受身處的環境的堅強人物。

又被稱爲浪漫型，內心深處對於人生抱持溫馨之夢或浪漫的想法，甚至渴望未來的夢想可以實現。這種心態或許受到某些刺激，就會變成野性且粗獷的熱情。由於此型的人，屬於心胸寬大的努力之星，因此，選擇人生的山河，追求浪漫、追求理想而獨自前進之道，最爲適合。

對學問、冒險、技術的改革等，未知的挑戰才是賦予人生的課題。

想法獨特，並不侷限於體制或傳統之中，可說擁有學習特殊學問或技術的才能。至於技藝方面，並不追求純粹的藝術，而因本身喜歡演藝事業，所以，不但適合而且比較容易成名。服裝方面，喜歡與衆不同。

善惡之區分並不淸楚，總是以雙方都是人之常情的寬容想法來看待。熱衷工作，廢寢忘食地埋頭做事，但對社交方面並不太有興趣。骨肉親情相當強烈，然而卻無法伸手加以照顧。頭腦靈活，具有迅速處理事情的才能。最能適應動亂的非常時期，喜愛華麗的世界，但外表卻看不出來。

▽然而，此星的人比較深沈。平和時期，其個性無法發揮出來，因此在他人眼光中，可能只是特殊的人罷了。如果是女性的話，由於此星是男性化之星，所以，外表看來特別醒目。

如果身爲專職的主婦，則會不平凡到連自己都認爲與衆不同。然而，一旦有需要時，此星的爆發力相當驚人，如同被擋住的河水一洩不可收拾，朝向河口的能量猶如萬馬奔騰。這種力量，不但是具有創造力，同時也是破壞性的。

▽至於男女運方面，因好惡強烈且自我要求高，再加上熱情體貼，不能容忍對方缺點的性格，所以稍有一些錯誤，馬上就會改變心態，但如果異性運良好的話，則家庭運就可以安泰。

合理型——充滿智慧的道理之星

▽此星受到水之精華的影響，所以擁有冷靜的智慧。依恃智慧作用，善於適應社會。直覺力敏銳，善於計算或計畫，連細膩的小問題也不放過。至於行動方面，不但合理化且有效。然而，因生涯運或出生季節的影響等容易衝動的人，由於頭腦作用與行動之間有落差，結果兩者的方向不一致而呈現矛盾的狀態。

但，內心經常厭煩不安定的狀態或不合理的事情，而企圖追求平靜、調和、安定的節奏，因此有時精神不易安定。

在日常生活上相當節儉，盡量會排除奢侈而不浪費。但另一方面，具有強烈的親情，爲了親人會毫不吝嗇地揮霍金錢。理由就是自己與親人之間根本沒有區別。遇到困難時，親人或周圍的人也會協助而一起渡過難關。

因爲此星從父母、祖父母到好幾個世代的祖先們，所培養傳襲的歷史傳統等，由我們再傳襲給子孫的具有母性使命之星。亦即具有擔任將水的慈愛賦予下一代生命，而加

以培育長大的高貴使命。

外表看來讓人有一種溫和的印象，但其實人心卻十分好強，對一切困難不退縮。自尊心強，且反彈心態使其更為強韌。為了獲得成功，必須受到周圍的磨練而更培養抗拒的力量才行。否則，可能會成為言行不一的平凡理論家而已。

但無論如何，由於頗有智慧，所以會考量工作、健康、愛情的問題，而細心留意地過著有效率的生活，然而一旦超出能力範圍而有異想天開的行動，或過著懶散的生活，就絕不會走上幸福之路。

▽缺點就是好勝過強，則理論往往就變成歪理。如果堅持歪理，人們就容易敬而遠之，甚至背信。所以盡量努力避免成為堅持歪理的人。在組織之中，此種性格的人容易被忽視而冷凍起來。

▽愛情問題或結婚問題方面，自尊心會使此星的人注意家世、門當戶對的問題，多半順從上司或父母的選擇，在愛情方面會精打細算，不隨便結婚。婚姻方面，一般都相當圓滿。

4 具有「雙連性格運」星的人……

單獨型、**協調型**：內心擁有一棵樹木的性格，但具有協調性，能溶入團體生活之中。如果迅速發揮掌握時代變化的才能，就可成為優秀的領導者。

包容型、**單獨型**：此兩型不融合，而使力量大大減半。單獨型頑固會變得狡猾，或善良、服務等全呈現不自然的反應。單獨型較強的話，會淹沒包容型本來的開朗，而使性情稍微沈悶，然可持續努力而成為有恆力的人。

單獨型、**耿直型**：直腸子且正直的行動會表露無遺。急性子與我行我素一起呈現的話，則行動上比較屬於單獨型。至於自負心加倍的話，則對任何事都不易屈服。耿直型較強時，必須以此為中心去解釋才行。

合理型、**單獨型**：合理型容易露出表面來。想法周密，具有常識性且符合現實需要。行動保守，順從體制。

協調型、**自然型**：由協調型來當先導的形態，融合較為理想。所以，最適合充當組

織或團體等的調解角色。頭腦敏銳靈活。行動快速，若與自然型的開朗又自由奔放的性格結合，則會使社交能力更強化。

樸實型、**協調型**：以樸素節儉爲宗旨的家庭中心性格，與喜好團體生活的交際性格並存，而有進退維谷的傾向。即使有宏大的志向，也會因家累的約束，而無法達成的煩惱，卻具有爲家庭累積財富的才能。

協調型、**自律型**：由於自律型的性格較強，所以，抱持但求平安無事的消極主義。理智過強，因而懷疑心也強烈。具有統合團體的才能。但如果過於玩弄謀略，則容易喪失信用，所以應該適當地加以自制。

理想型、**協調型**：稍微缺乏實踐的能量。但另一方面，卻具有往技術或藝術等方面發展的才能。能適應團體行動，具有忍受孤獨的力量。缺乏金錢意識，這一點應留意。

完全型、**自然型**：自然型會顯露出來，而完全型則收藏在內側。雖然具有纖細的感受性，但卻發揮了開朗的社交能力。

自然型、**樸實型**：不喜歡往外發展，而偏向內心世界，因此以家庭生活爲中心。使個人生活中的衣食住的願望都能得到滿足的最佳組合。雖然不會奉承他人，卻會以開朗的交際手腕博取人們的好感。

自然型、理想型：因水與火的組合而使性格激烈。自然型的自由奔放被壓抑，使得精神與行動很難安定。由於彼此異質而易互相攻擊，因此，能量燃燒極爲強烈，若目的愈大，其個性更爲擴張。人生可能不是太好就是太壞。

完全型、包容型：包容型較強，完全型順從其先導。所追求的方向比較現實，多半在經濟或實業方面才可發揮眞正的實力來。內心含有完全型的強韌感性，直覺力敏銳，屬於大器晚成型。也具有財運。

完全型、合理型：智慧又冷靜的合理型與如火一般激烈的完全型並存，所以內心激烈地糾葛。適合研究或藝術方面的工作，具有獲得偉大成果的素質，但社會生活方面，較缺乏適應能力。

包容型、樸實型：雙方均可發揮優點而形成圓滿的人格來。社交或家庭關係良好，人情味濃厚，德性穩重，由於講信用，財運良好。

理想型、包容型：兩者力強而共存。此爲淸濁並存的性格，因善惡往往無法區分的特別境界，所以在敎養方面必須下工夫才行。至於追求財富方面，會廢寢忘食地努力，但應避免利己主義。

樸實型、耿直型：樸實型較強。因此耿直型的直腸子行動會往穩重方向發展，進而

形成溫和的人格。可說是個正直的誠實派，但缺乏彈性。

合理型、樸實型：合理型追求效率的生活模式，融合於樸實型的樸實勤勉的生活模式中，而處於家庭或自己中心的狹隘行動範圍中生活。但合理型的智慧在現實的利益追求等功利世界中有所發揮的話，則必有大成的可能性。

耿直型、自律型：自律型的性格會浮出檯面來。耿直型的壓抑行動會被壓抑下來。但並非耿直型的直腸子性格就會完全消失。行動爲單獨化。彼此的關係好比自律型當騎手，而耿直型當馬。

耿直型、合理型：正面負面互補的良好組合。耿直型直腸子行動受到合理型的冷靜智慧的管理，反之，耿直型擔任鞭策合理型的溫順調和的作用。以剛與柔作爲武器，什麼都不怕的理想型。

理想型、合理型：理想型會浮出表面來。理想型爲清濁並存的性格，但合理型卻是屬於清流又知性的。然而，兩者都屬於智慧之星，且以熱心研究爲主的同心圓。因此在學術、技術、藝術方面最能夠發揮性格來。具有理想型的熱情及合理型的精打細算。兩者都擁有創造性。因此有必要將這些性格加以發揮出來才行。

5 出生季節影響潛在性格的「輔助性格」……

人也受到出生時的天空環境與季節的某種影響。出生的季節對於您的主星行動或感情層面，賦予某種方向的作用。

請想一想四季所展開的環境。例如：「雨」的表情，會因春雨、夏雨、秋雨、冬雨而有所不同。連一棵樹木也如此，透過四季的轉移而帶來各種色彩或外貌。

如此的「潛在性格」，也受到季節的影響而搖擺不定。因此，可解釋爲潛在性格的輔助性格。如果生日在季節交界時，請參照前後的月份。

一月五日—二月四日・穩重、樸素、誠實。言行表裡一致，不善於奉承或推銷自己。但心中隱約懷有浪漫、溫馨、充實，一步一腳印前進的努力家。

二月四日—三月五日・外表溫和，但內心卻很好強。好強、敏銳，且擁護家庭意識很強，對入侵者一點也不懼怕。

三月五日—四月四日・好勝的熱情家。直覺敏銳，無懈可擊。心中想的會毫不忌諱地說出口，但因具有溫柔關懷的心腸，所以不會受到他人的憎恨。努力向上且可信賴，具有足夠的領導資質。

四月四日—五日五日・大規模的活動家，不拘小節的人。因此具有「仗義直言又人情味濃厚」的大哥、大姊的氣概。具有充足的領導資質。

五月五日—六月五日・雖然穩定，但卻富有應變能力，對流行相當敏感。一發現機會，就迅速行動。能言善辯且踏實的努力家。至於季節後半出生的人，具有機智、幽默感而成爲了不起的社交家。

六月五日—七月七日・臨機應變且行動迅速。具有纖細感情的開朗外交家。最適合擔任營造明朗氣氛的主角。愛心濃厚，在家庭或團體等自己活動領域中擔任保護的角色。

七月七日—八月七日．熱情又開明的行動家。在強烈自信與自負心支持下，雖然不會去巴結他人，但由於純眞的性格而具備人人愛戴的德心。

八月七日—九月七日．快活的行動家。具有觀察力，敏感對應世界的變化。在職場中，活力充沛且踏實勤勉地工作。具有理解幽默的樂天社交性格，能讓周圍的人產生親暱感。

九月七日—十月八日．具有臨機應變的處理能力，且勤勞。富有幽默感，重視名譽、品位，興趣選擇高品味。富有人情味，也會奉承他人。

十月八日—十一月七日．溫和細膩且顧慮周詳，是講求原則的人，品行高潔，討厭不正。循規蹈矩，講義理人情，忠實實行工作，所以容易得到上司的信賴。具有忍受苦難的勇氣。但不會拍馬屁或諂媚。

十一月七日—十二月七日．率直且不愛講理論邏輯，而重實行。由於以直覺力來行動，所以比較性急，但工作忠實又重義理。不善於奉承或諂媚，正直溫情值得信賴。

十二月七日—一月五日．不裝飾而正直的人，行動率直。但內心溫和，在家庭或社團中扮演明亮火焰的角色，追求溫馨、浪漫的氣氛，企圖實現而持久不衰。

第2章
支配你宿命的
「生涯運」

12種宇宙能量的深淵

1 以生涯運選擇的道路最鮮明……………

(1) 我們活在世上的時間有限。在被賦予的生存期間，我們經過嬰兒的幼年時期、青年時期、壯年時期、老年時期以及晚年時期，最後結束一生。此過程好比春、夏、秋，最後迎接冬季的自然流程一般。因此，命運學是將人的一生以自然的循環爲基礎去思考。

請想像設置在園遊會場上的旋轉觀覽車。想像中的觀覽車的十二個車箱，好比一年的十二個月份一般。各車箱中分別刻有發芽、開花、嫩葉、落葉……等十二個名稱。

例如：坐「黃葉」車箱，即過了炎熱的夏天而即將邁向老年期的車箱。其實，此時你還年輕，卻已坐上老人氣息籠罩的車箱，所以想法較爲穩重或自制力較強。

如此的觀覽車車箱，就是意味「生涯運」之「宿命」。坐上「黃葉」車箱的你，雖然較樸素、客氣，卻安定、踏實。所以，可應用此長處而得到好運，這就是命運學的概

念。

但是，觀覽車的車箱一直轉動著。因爲車箱會隨著時間的流逝而不停地轉動。從車箱內往外看的景色變化，時時刻刻地推移現實的社會。其間，你會思考許多事而採取行動。因行動而引起「命運」來。雖然「宿命」無法依靠人力去操縱而是既定的模式，但勿忘「命運」是依照我們的行爲而形成的。

在第一章所說的潛在性格，是與生具有且不變的，但生涯運雖然具有車箱的框架，卻可在其中自由活動。

亦即**潛在性格在生涯運當中被賦予一定的方向而有所發展**。生涯運形成行動或感情傾向的特徵，又能呼喚「運」氣，協助潛在性格或者扯後腿。

⑵ 前面曾說明生涯運爲人的人生流程，因此具有初年運、中年運、晚年運的變化。但其中，人格形成等層面變動最激烈的十歲層運，特別有意義，因此參照十歲層運便可理解流動人格根底的運勢（將十歲層運特別在一九二、一九三頁列表）。

對照支配二十歲層～五十歲層的本來生涯運，而去掌握綜合的生涯運。即使是三十歲層～七十歲層的人，十歲層運現仍在看不見的暗地裡，給予深遠的影響力。

在五十三頁的「十歲層運」說明，特別用現在式來表示。並未使用過去式的語句。雖然如此，請不要誤解與七十歲層的讀者就完全無關。亦即你的十歲層運在你看不見的地方受到你的主星支配，同時其支配透過你的生涯運，仍然給予你影響力的事實。

(3) 再一次來整理生涯運的看法。請參考一六二頁以後的星數分類表。第一章所介紹的並列於潛在性格型右欄的運勢，即爲「生涯運」。

至於十歲層運，請依據一九二、一九三頁的一覽表來檢視。「十歲層運」就位於各傾向與出生年所交叉的欄中。如果是一月一日～一月四日出生的人，就含有前年之星，而一月五日～二月三日出生的人，則會受到前年之星的影響，所以，兩者都應該參照前年之星才行。

2　左右一生的「十歲層運」秘密……………

受轉運

此一「十歲層」運多半在變化大的環境中開始，因此，觀察周圍情況的眼力比較敏銳，自然能夠培養觀察力。又稱爲「變化之星」，頭腦靈活，具有一次就能同時記憶許多事情的才能。但如果太貪心做了太多事的話，結果就會迷失在前進之路而被環境的潮流所沖走。因此，最好還是學習一技之長。如果以後的生涯運也有此運時，則表示你的人生轉變起伏大。

至於異性運方面，觀察對方的目光正確，因此容易被動，而無法積極接近對方。因嬌媚又開放的性格，而容易受到誤解，甚至讓對方焦躁。猶豫不決易喪失婚期。

親和運

具有天眞、人人喜愛又幽默的順應性，因此在班上最有人緣，學園生活愜意。動作緩慢、樸實且天眞爛漫。此星爲「人氣者之星」，在工作崗位上，具有以明朗氣氛在人與人之間建立「和睦」關係的才能。且一生與母親有親密關係的宿命。

至於異性運方面，溫柔親近，但容易受到對方的誤解。喜歡享樂的生活，具有營造甜美氣氛的幽默感，在不是深愛的情形下也會結婚。有時在對方的欣賞下而結婚，可說有早婚的傾向。

正順運

自由奔放，在愜意的環境下長大成人。留意儀表，學習態度認眞，模範生的代表。從小就顯出「貴人之星」的氣質，也具有神氣十足的自尊心而讓人覺得傲慢。自覺優越而不做不規矩的行爲。對流行不感興趣，而喜好高尙、格調高的昂貴物品。但其實是溫順明朗而讓人有好感。前途無限佳運，年老後一直不喪失青春之星。並且以後的生涯運，在人們的照顧之下一生悠哉地過日子。

至於異性運方面，由於溫順明朗又乾脆的氣質，容易受到異性的青睞而倍感困擾，但誰也無法隨時隨地親近。理由在於不會主動向對方示好。有遲婚的傾向。

浪漫運

可稱爲「異國之星，出飛之星」，多半在二十歲前後離開父母而出外的宿命之星。對異國、異鄉的憧憬特別強烈。如果一直留在父母身邊長大成人，則其不滿將無法消失。因爲具有放浪之心，加上無論想法或行動都與衆不同，所以不修邊幅，服裝也不講究。喜歡熱鬧，討好人，又稱爲如同街道藝人般的爽朗明亮之星。

至於異性運方面，屬於開放性，好比蝴蝶一般地從一朵花飛到另一朵的戀愛，但不適合結婚。在以後的生涯運中含有此運時，則一生會因異性問題而煩惱。如果是女性的話，則適合國際結婚。

獨立運

主星稱爲「騎士之星，女王之星」，所以眉宇之間戴有白星的優秀駿馬，健康、自由奔放而被養育長大，調皮好強，因此從小就展露頭角。因不回頭看而只往前衝，失敗

多少一點也不在乎，不管如何，衝勁一直很強。如果是冬季出生的人，則比較樸素。

至於異性運方面，騎士之戀、女王之戀的形象最適合華麗之戀。但冬季出生的人較溫和，動作卻很敏捷，所瞄準的目的，都具有能加以攻陷的積極性。

堅實運

此人生正處在雙親運勢強的時期，而在良好環境中成長。如果在不同情況之下而無法受到親情的疼愛時，謹守本分也可順利成長。愼重又堅實地努力從事。較爲老成，缺乏幽默感，但入學考試或就職考試運勢強，若維持的話，必可大成。又稱爲「財運之星」，是一個良星。

異性運爲成熟之戀，並無羅曼蒂克的氣氛，卻很認眞。雖然擁有愛情，但並不沈溺，總是考慮周詳。觀察對方之後，才決定是否結婚，除了特別事情發生之外，比較晚婚。

不動運

在稱爲「國王之星」最強能量的主星之下出生，然而此星在中年以後才發揮力量

來，也具有非凡的素質，在少年時代較難以展露頭角。

當身邊發生衝擊的事件，如與父母離別或一家離散等重大事件發生時，其能量才會發動。在這種情形之下，所吃的苦比他人多出一倍，之後才開花結果而得到大成就。平常在上位者面前，顯得相當平凡。然而因爲任性且依賴心強，如果未找到發洩能量的出口，則容易生病衰弱。

至於異性運方面，男女都感情濃厚，往往追求充滿慈愛的愛情。有較早結婚的傾向。

自制運

人生在穩重又具有成熟氣氛的情調中開始。內心含有相當強的能量，但溫和寡言又客氣，所以不顯眼。然而，四月、五月、六月、七月、八月出生的人較爲活潑。此星應該盡量體驗團體生活及習慣笑聲多的環境才行。但生涯運不同之星進入時，將轉爲判若兩人的人生。

至於異性運方面，因客氣又不太愛表現自己而處於被動狀態。如同慢慢燃燒之火的熱情，所以一旦決定下來，就欲罷不能。

想望運

幻想力豐富。幻想之翼會翺翔於無限的遠方。一旦幻想甦醒時，將會覺得自己無法突破現實的冷酷，因此在心裡孤單苦悶。

雖然這種情形猶如進退維谷而在幻想與現實之間產生極大的落差，但往往卻成為向前邁進的原動力。具有活用構想與靈感的才能。由於屬於「生活在夢想與現實之星」，因此對音樂方面有良好的素質。

至於異性運方面，是浪漫中產生計較得失的心態的矛盾戀愛。好強與軟弱的兩面交互出現，所以複雜化。軟弱層面往往刺激對方的母性本能。婚姻方面，如果過於急躁，就會早婚，但一般都較晚婚。

自由運

含有稱為「自然兒之星」的非常自由之星，討厭束縛，喜歡過著自由奔放的生活。因此性格不適合父母管教或學校的規矩。但過度放縱的話，就會成為自由放任主義的人，而在入學考試或就職考試方面受苦。行動單純且直腸子，一生致力於目的，慾望少

且野心小，自然地生活。

至於異性運方面，交際的範圍寬廣且開放。心態單純，做事坦然。注重現實而有享樂的傾向，多半同居或早婚。

固定運

被稱爲「學究之星、探究之星」，對於某種事情一旦產生興趣之後，就會熱衷下去。做事有原則、正直，不會在半途中靈活改變方向。在擅長的學科方面會發揮集中力而得到優良的成績。將來邁向一條道路且開運較早，而有美好的人生。但應注意急性子的毛病。

至於異性運方面，熱情又有誠實的愛意。然而也因爲如此，不容許對方背叛，否則問題一發就不可收拾。不但不原諒對方，且執意追究下去。

因此，已經論及婚嫁的人，如果發現對方變心的話，往往無法接受事實。所以晚婚而對不愉快的事無法釋懷。

流水運

表面看來穩重，卻是「多忙之星」，內心十分忙碌，沒時間使心靈安定下來。雖然學業、玩樂、運動各方面都非常忙碌，但並不會只熱衷於某種事情而一直向前進，因此，最好考取某一種資格比較有保障。適合在技術或服務業等發展。

至於異性運方面，早熟又喜歡熱鬧，由於比較衝動，所以異性關係早，容易受誘惑而早婚。

一旦早婚，婚姻關係較易破裂，而女性有寡婦運的暗示。然而晚婚的話，就不必擔心這個問題，女性大多被年紀較輕的男性所喜歡。

3　愛情運、財運……12種命運的特性……

第一章的「潛在性格」，應該解釋爲因生涯運而獲得一定的方向與領域，在領域中過著人生寶貴的主要部份。「潛在性格」與生涯運的組合愈佳，則人生行程愈好，如果不佳的話，則處境就不好。

此外，十歲層運透過人生而流通生涯運之下，所以會影響晚年的生活，因此有必要參考一番。有關生涯運在第四章的天職中，也說過其關係。

同時，生涯運的說明末尾都有◉的標示，因此，擁有這種生涯運場合中，表示要特別注意或受到大影響的潛在性格之意思。

受轉運——觀察眼光銳利、反應快之星——

生涯運方面，對周圍的動向敏感，觀察力銳利，反應能力快，所以善於對應社會的人情世故。開朗善辯，喜歡熱鬧，活力充沛。依賴活動而開運的人生。擅長務實感覺的你，具有接受現實而加以吸收消化的能力，因此，以此爲武器而趕上流行的尖端事業，具有經營服務業或創業的才能。

但由於觀察周圍動向而採取行動，且善於快速對應的能力，因此在堅強的意志與主體性、企畫性等方面較爲缺乏的工作，其一口氣將任何事都加以接受的寬大心胸，也是原因之一。此運的特徵，就是容易受到社會的潮流而轉變。如果隸屬於組織之中，或者女性爲家庭主婦時，則問題比較不嚴重。缺乏耐心或努力的「潛在性格」的人，必須先修養一陣子之後再去磨練耐心才行。

愛情運　容易受到環境變化的影響。雖然具有觀察力，但缺乏強力或易受甜言蜜語的誘惑，而有傷害自己的傾向。開放，喜歡熱鬧，浮躁卻會精打細算。由於缺乏主體性，一旦走入此運時，結婚與否也難以做決定。

財運　如果想要學習一技之長，必須貫徹始終，由於無懈可擊，所以可以累積財富。反之，則散財而無法累積財富。

◉**樸實型**　具有觀察時代潮流的眼光，在企業方面有很大的良運。如果維持誠實的話，則將會有偉大成就。**自律型**　觀察情勢的眼光更銳利，對應快速，再加上懂得要領而有強烈的良運。但因性格重疊而令人擔心。**耿直自律型**　與前面的自律型相同。**合理型**　在合理現實的想法下，再加上情勢判斷或對應力而更加精明。尤其在經濟活動上也是完美的組合。**完全合理型**　朝向現實的成果研究、技術、藝術等，再加上社會的視野而產生良運，在經濟活動方面，因具有情勢分析的眼光或對應力，所以具有良好的組合。**包容樸實型**　完全會重疊的運氣，使長處加倍，使社交關係或經濟關係有很大發展的理想組合。**協調自律型**　也是完全一致的運氣，使長處加倍而有大的良運。

親和運——肢體語言幽默而有人氣之星——

運勢方面，「親和力」的特質尤其會發揮長處，所以透過人際關係的工作或社團活

動而發展祥和的良運。自然發揮令人產生好感的天眞爛漫與純樸，因此，自然而然形成了肢體語言的「和」的空間。

例如：職場上只要有你的存在，就呈現明朗的氣氛，具有受到周圍人們的愛護與提攜的福德。家庭生活充滿溫馨。

然而由於不會奉承他人，因此想說什麼就口無遮欄，但因其幽默感而不致於讓人討厭。應該積極地加以運用人與人之間的「和」關係的運氣。

本來此運溫和但缺乏積極性，女性具有杞人憂天的運氣，在與人際關係無關的工作或日常生活等的天性素質，大多不太能夠被應用出來，這點應該要了解。

同時，此運與母親較爲密切，無論裡外，都以強烈的情感加以結合之宿命暗示。具有此運的你，容易被視爲自私或細心卻經常忘東忘西，不是掉東西，就是做事半途而廢。但是，如果是「潛在性格」穩重的人，這種缺點可加以緩和。

愛情運　順應性且易親近，因而容易被對方誤解而產生糾紛。喜歡現實又享樂的生活，所以容易受誘惑或即使未深愛對方也會結婚的傾向。至於女性有寡婦運的暗示。

財運　天性有福德又圓融，所以經濟方面發達。

順應社會，以現實的繁榮爲理想，且行動不會浪費，所以在不知不覺中累積了財

富。但是會被他人欺騙或吃虧。

◉本運對於任何一種「**潛在性格**」都具有良運。由於此運的人際關係極佳，因而自然得到福德。

正順運——悠然自得、開朗的正統派之星——

運勢方面，並非重視物質方面，而有重視精神世界的傾向。例如：活躍於華麗的商場中，卻喜歡傳統性的事物，而在務實的生活中順利進展。

由於屬於正統派，職業選擇喜好知性的領域，其中最適合傳統、歷史、古美術關係等，背負歷史傳統方面的傾向。

一旦熱衷複雜的事業時，則精神上無法安定，即使成功也需要特別的努力，這點應該注意。

另外，一遇到挫折，不易重振雄風。至於正統派的行程，必須一步一腳印地努力累積，對於流行尖端等需要眼光銳利的工作並不適合從事。擁有強烈的自尊心且自以爲精華，所以較缺乏統率能力。

性情明朗自由奔放，言行洗練，品行良好又乾脆，所以讓任何人都產生好感。

此運的女性大多是時髦開朗的美人，特別與「耿直型」組合的人爲典型。擁有此運的人，可以一直維持青春的氣息，即使到了老年也老當益壯，猶如青年仍追求理想，但此運在十歲層運中與悠哉的性格重疊，一生都會受到他人的庇護，從另一角度來看，可說生活過程相當好運。

愛情運　明朗、品行良好且儀表端正，受到多數人的青睞，但自尊心卻相當強，所以非常在意他人的眼光，因而做事十分愼重。結婚方面，必須交往一段時間之後，才能託付終生。

愛情觀相當具有節操，但優閒性格過度強調的話，則女性容易被對方強烈的攻勢所屈服。

財運　金錢花費大方，精神重於物質，因此不具有一勞永逸的運氣。由於良運而逐漸累積了財富，並不需要冒險賭錢，金錢方面不缺乏。

◉單獨型　明朗與努力心使其在日常方面得到良運，但職業方面，此運會決定方向，順應此運的職業將可以獲得相當大的良運。**包容單獨型**　具社交手腕又品行良好、明朗而得到良運、努力精進的精神更爲提高。**自然型**　除了人氣之星再加

上品行良好的運氣，而成爲完美的組合。賦予向上心，職業選擇順著此運就會有相當大的發展。**完美自然型**　敏銳的感性加上良好的品行而得到良運。提高向上心，選擇順應此運的職業必有大發展。**完全包容型**　具社交手腕與良好的品行，且能提升努力精進的精神而得到良好的組合。**包容型**　具社交手腕與良好品行而信用高。加上向上心而得到良好的組合。**樸實包容型**　具社交手腕，良好家庭的圓滿生活，加上品行佳，以及向上心與努力精進的精神高人一等，因此，得到相當好的良運，然而由於存在著與經濟實業志向方面無法吻合的部份，所以容易左右爲難。**耿直型**　品行良好，言行洗練，因而得到良運。自尊心與精英意識更爲提高。**理想型**　除了生活態度加上品行良好外，向上心與努力精進的精神也會被提升，所以得到良運。但此運與「理想」的志向之間不一致，所以在精神方面較爲苦勞。

浪漫運——優雅生活的異國人之星——

運勢方面，在「潛在性格」上加上坦白直率乾脆的羅曼蒂克的運氣。精神與肉體都

一直維持新鮮、優雅，經過長久時間也不喪失青春氣息。

到了中年以後，浪漫比現實的部份多得多，也較淡泊，所以對現實社會的名與利都不重視。因此，在大志大業方面投入熱情的意志較淡，漠然追求理想，討厭束縛而喜歡自由的生活。有時會突然去小旅行或垂釣旅行，一段時間離開家庭而在外嬉戲。

因此，到了中年時代，你會數次陷入迷惑狀態，或經歷漂泊心境的流浪生活。其多半因爲異性關係，甚至包含離婚或配偶死別等因素。

不管如何，此運勢多少受到「漂泊人生」的浪漫影響，所以，不擅長經濟實業技術等領域，在演藝與服務業方面比較有發展性。具有娛樂他人的能力，使周圍的人感到快樂、明朗的特質，一旦離別後，會讓人產生巡迴演藝人員等的愉快印象。可說是懂得進退的「異國人之星」。在想法與行動方面與衆不同，至於服裝穿著並不注重，且喜歡與衆不同的衣服。

愛情運　由於坦白直率，所以戀愛關係較爲開放。有如青春時期的豐富感性。遇到挫折時，會像蝴蝶一般地從一朵花飛到另一朵花上。但在分手時，卻相當乾脆，因爲漂泊的性格，所以結婚較晚。另外女性的異國婚姻較爲美滿。如果十歲層運含有此運時，說不定一生會因異性問題而煩惱不已。

財運　不太努力，但金錢卻不缺乏。由於屬於演藝之星，所以即使有收入，也會很快地支出，缺錢時就工作的豪放性格為其特性。但精打細算而有小氣的傾向。

◉**協調型**　安穩的組合。人際關係明朗，令人產生好感。從事演藝或服務業的工作，將會帶來相當大的良運。**完全型**　運用藝術技術等豐富想像力或熱情最合適的良運。由於如此，對於實際生活或現實社會並不太能適應。**樸實型**　正直又樸素的生活模式加上嬉戲的部份，所以帶來良運。野心不大，能享受家族主義生活的良好組合。**合理樸實型**　節儉不浪費，在家族主義的範圍中追求浪漫世界的生活，將會帶來良運，但如果實現大志時，就難以達到的組合。**合理型**　排斥浪費的生活模式，偶而混合草率的行動或想法時，就會遭遇困境，而使精密的計算或企劃露出破綻。雖然具有漂泊心態，但現實上卻無法實行的不滿情緒被隱藏的組合。**理想合理型**　如果往技術的開發或技能的精進，或其他的研究、冒險等方面發展，則此運將會是有所成果的良運。否則與前者的合理型相同，必會遭遇困境。**耿直合理型**　認為世間上沒有可怕的事情存在的想法，為其基本性格，但遺憾的是此運並未帶來正面效果。雖然生活方面充滿高度的熱情或輕鬆的心情而具有正面效果，但大志向卻難以達成。**自律型**　性格上具有彈性，為正面性，但不

適應自律精神的運氣，所以會陷入困境中，偶而精神懶散，難以達成大志向。**耿直自律型**　與自律型相同，但也有與率直或正義感一致的地方，這一點具有正面效果。大體上會遭遇困境的組合。

獨立運——耿直、自尊心高的傑出人士之星——

運勢方面，獨立獨行的精神與行動力爲其原動力，而往前邁進。不過對你來說，此種行動力會呼喚強運而榮華富貴，但有時會因勉強抑制力量去推動事情的自信心而帶來災禍、失敗的下場，致使努力徒勞無功。其結果，又得重新開始奮鬥，並未因失敗而感到挫折。由於生性好強不認輸，所以，具有挑戰的強烈剛硬精神。可說是成爲組織中的頂尖人物的榮耀之星。因此，一旦被賦與工作時，總是會當前鋒。率直又純樸，所以信用度高。若視爲活躍於社團與團體活動的魅力之人，一點也不爲過。

然而，樹大招風而會產生很多問題。例如：容易被批評多言、愛出風頭、自我本位、脾氣暴躁等，而成爲批評的對象，被周圍人們敬而遠之。

但具有克服這些困難的好頭腦、自負心、毅力，且行動力敏捷。雖然缺乏耐心或敦

厚，但對其行動加以拍手鼓掌的人卻很多。對自己的行動深具信心，人氣高且不辜負期待，但十一月、十二月、一月、二月出生的人會抑制自己，所以比較謙虛。

愛情運　一般都會有甜美的戀愛經驗，喜歡拈花惹草，言行優雅，動作迅速，被瞄準的對象總是心悅誠服。但是，冬季出生的人或「潛在性格」爲我行我素或內向的人，因其憨實方面較強，所以愛情機運未能充分發揮。如果過了三十歲後才結婚，大體上婚姻關係比較安定，但早婚的情形下，除了相合性良好外，則難以維持一夫一妻制。

財運　屬於行動派，順勢進展之下，可乘風破浪而得到一筆橫財。但是有時也因過於衝動而賠得精光。無論如何，依氣概而言，金錢收支不會不自由。

◉此運對於任何一種的「**潛在性格**」都產生正面效果。但是「**單獨型**」「**耿直型**」「**理想型**」，或三月、四月、七月、八月十五日前出生的人，其個性較強烈，所以應該加以留意才行。

堅實運——穩健建立和平與蓄財之星——

運勢方面，爲財運之星。主要原因在於你腳踏實地且觀察力深具用心，同時活力

比他人多一倍。在未擁有知識與經驗的前提下，就不會向前進，叩打石橋看看是否安全才通過的愼重又耐性的努力，總是往現實的利益方向前進，因此被稱爲財運之人。

但是即使有此運，如果中年期後半運勢也可能有極端惡劣的情形，諸如「長運」剛好進入「流轉衰退」時期或「充滿打開」的時期，所以必須好好地調度。

人生行程的波瀾浮沈少，想法中庸且具常識性。善辯、信用高，具有與家人可以保持和睦的良運。由於象徵年富力強的「壯年之星」，所以，夢想或幻想等世界較稀薄，否則意味現實、功利。

堅守「我行我素」的生活信條，社交關係狹窄，性格缺乏趣味。在組織中或進入實業的世界中，都會有大成就的運氣，所以別急別慌而著實努力即可。

愛情運　缺乏羅曼蒂克的情調，愼重又堅實。並不會沈溺在戀愛中，由於凡事精打細算，所以不容易受傷。

結婚方面，晚婚較好，女性爲賢妻良母型，但其好強層面，容易超越夫運而剋夫。因而具有職業出外工作較多的運勢。

財運　保守又愼重，現實且功利，加上努力的累積而成爲蓄財家，但是如果操之過急而搶功的話，就會成爲只是會存錢的人而已。

◉單獨型　個性強、自我心態也強的獨善性格，缺乏協調能力而產生負面效果。但在技術的研究、學術、技藝、宗教等領域，會得到良運。**協調單獨型**　個性強，爲利己主義者。如果這一點控制得宜的話，就會帶來好運。**合理單獨型**　經濟觀念正確，但視野狹窄而傾向利己主義。在現實的利益世界中，會得到良運。**耿直型**　行動力或自負心等加強的話，則會得到良運，但如社交性減少，則容易傾向利己主義。**理想型**　相當良好的組合。努力的精神與理想的精神也加倍。**包容型**　包容型的明朗沈重，但在實利實益的世界中卻是良運。**自然型、協調自然型**　爲相當理想的組合。

不動運——具有強大能量的王者之星——

運勢方面，具有「帝旺運」，從中年到晚年期間發揮能力的最大能量者。

但是切勿一味欣喜。爲了將這麼旺盛的能量加以使用，你的苦勞必須比他人多出一倍來。由於擁有克服許多苦難而達成目的的豐富能量，所以命運賦予試煉。

由於如此，這種力量如果屬於人之下或被指示的立場時，則情況就大不相同，而

無法發揮「王者」力，因此，只能成爲行動稍微穩重、外表溫順的平凡人，而隨著時代的演變生活。

因此，如果想要發動此運勢，必須站在自主判斷行動的立場上來進行。

在組織中，不論擔任小組長或主任，其力量都能發揮出來。最適合從事自營業或自由業。家中有獨裁丈夫時，則妻子的運勢就無法表現出來。反之，懼內的丈夫，則此運就能充分發揮出來。

遇到此種場合時，因王者之運仍然不變，所以仍擁有固執、任性、依賴心，以及倔強無動於衷的王者性格傾向。好大喜功。因此，性格上爲了保持家庭或組織中的和諧，必須抑制自己的情緒。

就一般女性而言，其魄力會成爲重擔的運勢，而必須將此能量用盡才行，所以需要出外工作。

男性而言，與妻子娘家的關係密切，即使未被招贅，也會以招贅的立場來養家，爲此運的特徵。

愛情運　熱愛型，情厚卻易冷卻。濃情蜜意，愛恨意識強烈，所以嫉妒心重。害怕孤單、寂寞。對女性而言，由於會剋夫，所以容易發生離婚或分居的情形，出外

工作較多。

財運　早年吃苦，加上耐性強，所以蓄財。但器宇非凡，因而收入多、支出也多，因其個性大方，在用錢方面毫不吝嗇，雖然有蓄財，但結果還是會用完。金錢收支不會不自由，不會被錢所困。

◉協調型　在集團中能儘情發揮、發展的良運。政治家多屬此類，在任何方面都會有大成就的良運。**單獨協調型**　與協調型相同的良運。**單獨完全型**　好強又倔強的獨善性格，難以保持和睦。在研究中心的技術、藝術、宗教方面等，獨立自尊的工作上會帶來好運。**完全型**　控制好強、頑固、獨善的層面，並賦予行動而帶來好運。尤其在技術、藝術、宗教方面爲理想的組合。**樸實型**　器宇非凡這一點爲良運，但容易傾向現實、利己。以家庭爲中心的生活態度加上社交性，但性情上容易憂鬱，這一點應該注意。**自律型**　受到自律精神支配的運勢。行動敏捷而得到良運，但容易讓人覺得冷淡、冷漠，這一點應該留意。**理想協調型**　具有集團性與忍受孤獨的能力，而得到強烈的良運。然而卻完全喪失小氣性格，所以缺乏金錢感覺，因此財物可能損失慘重。**合理型**　獲得強烈能量最理想的組合。雖然不浪費，但必要時就會大方支出。

自制運——生活樸實而內向的理性之星——

運勢方面，受到晚年時代進入「老成」運的影響，結果「潛在性格」雖然明朗，但此時期整體上呈現樸素景象，好像開悟的人一般，既愼重、堅實又保守。雖然沒有飛躍的大發展，但也沒有極端的挫折，可說是中庸的運勢。

內心具有相當強烈的能量與自負心，但受到自制力的壓抑。即使潛在性格非常好強，然而一旦需要時，就會敬而遠之。並不主動，但如果受到他人煽動而去進行時，就會因不量力而爲而飽受挫折。

一般而言，緊守分寸不越軌，得到周圍人們高度的評價或信任。在社會上屬於保守且安定成長的人，除了很會照顧家庭外，也善於維持家計、愛護家庭、不冷落家人。女性爲賢妻良母。大多是不擅長阿諛奉承，缺乏幽默、說笑能力的率直性格。此性格尤其是十一月、十二月、一月、二月出生的人特別顯著。反之，三月到十月出生的人好動，尤其夏季出生的人更是屬於行動派。

愛情運　雖有溫馨的愛情，但較保守而嚴肅，不擅長華麗的異性交遊。在誠實的

交往中，才能得到異性的青睞。在不破壞家庭程度下而勇於冒險，因執著心強而不易放棄。愛情猶如微微燃燒的火花。男性而言，以家庭爲主的愛情觀。女性爲賢妻良母。

財運 平凡中庸運，所以大財不入也不出。可說是善於控制支出的節儉家，在長期間可能累積相當的財富。

◉**協調型** 社交性或活動力方面謹慎，爲人善良，但政治或實業方面運氣不佳。

完美型 感性敏銳與挑戰精神等較遲鈍，所以精神世界上的活動不佳。但日常的生活態度方面得到正面效果。**包容型** 富有人情味，行動派且堅實性而得到良運。**耿情型** 溫和、保守、謹愼的生活態度，但在洞察力或自負心或正義心等加強下，結果形成具有耐力人格的良運。**自律型** 溫和、保守謹愼的生活態度，但如果加強洞察力或對應力而得到良運。**理想型** 如果耐性、努力夠的話，將得到良運，但對於高度理想的實現或冒險心缺乏實踐力而運勢不佳。

想望運——追尋夢想勇往邁進的週到之星——

運勢方面，說明了十歲層運的「活在夢與現實中的週到之星」的運氣，在思維週

到的幻想力或思索力的世界中，與繁雜的現實生活混合而展開命運。處於被限定的現實、被限定的時間中而不易達到的浪漫世界。

一般人只不過做做白日夢、幻想、幻影而已，但你的情形卻並未如此罷了，而使自己在現實生活中倍受煎熬。從夢中醒來思考現實的問題，又拖著現實而去追求夢想。換言之，你就是拖著現實的生活而追求夢想的人。同時擁有使夢只是成爲夢想就結束的願望。

其實，想將夢想實現成爲地上的樓閣一般。一般都具有實踐能力。但人生苦短，想要達成的事情太多了。由於如此，此運賦予你直接的敏銳力與思維週到的智慧。其靈感或思慮或策略引起實踐力，而實現了夢想。

此運的特徵，就是敏銳的直覺力或感受性，但其中顧慮週到的智慧功能最爲顯著。且具有遠大的計劃性，以及爲了達成的深謀遠慮。神經細膩，能察覺細微事情，具有操縱人的能力。富有經濟觀念，雖有財運，卻相當節儉。另外，還具有風流心或藝術的感性，尤其聽力佳。

但是，操之過急容易焦躁而失敗，因此經常轉換工作。如果想要孤注一擲的話，則容易一敗塗地。顧慮週到等待機會成熟之後，才付諸實行，爲此運的特徵。

愛情運　一方面羅曼蒂克，一方面精打細算。軟弱與毅力交互出現，難以捉摸。但乍見之下，軟弱的部份易博取對方的同情心或母愛。一段時期，夢與現實混淆不清，雖然不致於離婚，但會有脫軌情況發生。

財運　神經纖細，顧慮週到，富有經濟觀念，因節儉而累積財富。但是孤注一擲爲失敗的原因。

◉此運對任何「**潛在性格**」都具有正面效果。但自然型或完全型的纖細感受力會敏銳發揮出來。因此，如果往藝術、才藝方面發展，將是良好的組合。

自由運——不強求生活的單純與行動之星——

運勢方面，因在「潛在性格」上累積敏捷的行動力與勤勉精神，所以能夠乘風破浪，尤其在能力本位領域中有美好的發展。在企業組織中得到高價的評估，且將來必有大成就。

但此運具有不勉強、順其自然的生活方式，以及追求自由而討厭束縛的純粹氣質，所以，此種傾向往往浮出抬面來，使你覺得努力到此程度即可，結果所謂的成功

之路產生停滯狀況，而不想再往前邁進的情形發生。在此情況下，本來頭腦靈活又穩重、精明的行動，被他人認爲拿著金碗討飯吃（守著餅挨餓），而造成生涯運陷入谷底的原因。雖然是勤勉的努力家，但因淡泊的個性而沒有宏大企圖的野心家。

然而生活中此種自由又公平的生活態度成爲信用的基礎，而得到許多人的敬愛。其區別善惡或貴賤的公平觀念值得讚美，如果身爲政治家或行政官或宗教家，則可成爲有德行的偉人。

同時也是乾脆的現實主義者，並不會執著過去或未來的事。但對現在開始所發生事物的果斷力相當超群。敏捷又妥善解決的態度，令人覺得可靠。

但是，對一切事情都提早防備的急性子爲一個缺點。然而，無論如何都必須活用此運的最大限度，充分發揮「潛在性格」才行。

愛情運　與任何人自然交往，交際範圍廣泛且開放。心態並不執著，對事並不會耿耿於懷。如果環境改變，又會有新的交際。

財運　腳踏實地累積實力、堅實且努力精進，所以以積少成多的方式累積財富。金錢的使用，雖然合理，但保守、堅實。

◉此運對任何「**潛在性格**」都具有良運，尤其與「**協調型**」「**理想型**」「**合理**

型」「耿直型」「自律型」組合良好。但與「自然型」或「完全型」搭配時，容易出現自由奔放，如果想要貫徹大野心，將會得到反效果。

固定運——不容許妥協、純眞而正直之星——

運勢方面，在「潛在性格」上，再附帶只選擇一個方向邁進的性格運，而使隨便應付的馬虎想法，或對事物表裡靈活應用的奸詐層面消失。可說性格黑白分明。

由於如此，具有跨越途中障礙物的毅力與勇氣。在潛在性格上，適合學術或藝術或技藝、技術等研究工作，或當企業家。

可說是從事一件事未得到滿足，就不停止的有恆心典型。

因此，個性正直、純眞、單純，容易發脾氣，重視義理，具有調和的德性，但另一方面卻固執、缺乏圓滑。

擁有大成就的良好素質，尤其有早期時代吃過苦頭，所以會踏實地發展下去。

反之，早期時代過得不如意，而在途中動搖一段時期。如果未加以抑制，將會造成忘記家庭責任而只顧做自己事情的頑固、不聽他人勸告的危險性。

尤其十歲層運遇到此運時，其不通人情的傾向會加強，所以無法避免晚年的孤獨。不管如何，此運走向被決定下來的電車軌道，想法缺乏融通，加上個性正直，所以問題嚴重。

既不會奉承，也不會諂媚，所以人際關係差。由於如此，此運喜歡追求一個目的，因此貫徹一種行業最爲適合。亦被稱爲蓄積、業績之星，將其德行影響子孫，具有幫助家運興隆的運勢。

愛情運　熱情且直性子，所以一決定目的，便可以安定下來。但因正直而不易妥協，所以發怒之後難以收拾，一旦扯破臉，以此爲契機，跑向其他軌道而回不來了。

財運　總而言之，是一位蓄財家，可說是用錢明確的理財家，或不浪費的資產家。

◉**單獨型**　我行我素的氣質加強。默默地邁向被決定下來的道路，社交方面封閉，人際關係淡薄。**協調型**　無法適應和睦協調的生活態度而進退維谷。但是，如果具有一技之長的話，則可保持「和睦」而得到良運。**自然型**　依此運而得到目的，生活態度也穩定，而得到良運。**完美型**　社交方面封閉，包含家庭在內的人際關係不佳。但在事業範圍內的學術、技藝、技術方面，會得到常人不及的能力

而得到成功，可說是相當好的組合。**包容型**、**樸實型**　名利雙收的良運。但個性激烈。**耿直型**　自負心強烈的直性子，所以人際關係不佳，但其誠實、循規蹈矩等在社會上能得到他人的信任，專心一種工作而得到良運。**合理型**　合理化的想法加強，包括事業範圍內的學術、技藝、技術等一技之長，與現實的志向合併，可期待良好成果的良運。但理財觀念過強的話，則會變成守財奴。

流水運——繁忙度過瞬間的無慾之星——

運勢方面，在「潛在性格」上附帶繁忙地活在現在的流水運運勢，表面上看起來溫和，其實骨子裡卻是個急性子，不論精神或身體都無法好好休息。做事相當勤勞。

做事靈巧，頭腦靈活，直覺力敏銳，但精神卻不安定，因此不能留在一處而安定地過日子。好像將過去、未來、現在都集中在一點一般，其瞬間集中力與能力超群，但缺乏毅力與不動的安定感。隨著流水漂流，而只活在瞬間的運勢。

生活上可能遇到某種掉落谷底的狀態。例如：事業失敗或生病、與配偶生離死別，但因這些理由，容易造成不努力不行的環境。

然而幸好的是，一旦陷入這種情境，仍然是無慾。當然爲了對應這種環境，需要的錢愈多愈好，因此拼命工作的心態最適合你。

此運勢在窮途末路時，將會發揮無限大的能量，關鍵時刻隱藏的爆發力，也是解救的因素。不妨以此爲精神支柱。

此運爲人氣運，多半是藝能界的人士所擁有，另外也適合服務業的運勢。精神孤獨，卻喜歡熱鬧的生活。

愛情運　如果是早婚的話，多半因無可奈何的事情而破裂，女性有寡婦的暗示。然而晚婚或再婚，就不必擔心。喜歡熱鬧，衝動，開放，須注意多情多恨的問題。女性多半被年紀小的男性所喜歡。

財運　並不奢求利益，所以金錢方面的執著較少，認爲有需要的錢就夠了。一般都是浮浮沉沉，缺乏安定，所以勤勞但不會有大財。

◉此運令人遺憾的是，對任何「**潛在性格**」都沒有良運，然而由於具有人氣運，所以從事人氣事業，便可得到良運。

第3章

解讀戀愛與結婚的偶然、詭計的

「緣分、性格運」

二種潛在性格所交織的秘密

1 由潛在性格可了解人的宿命……………

了解「潛在性格」所具有宿命的相合運，才能認識眞正由衷互相理解的對象，與戀人的關係才得以展開，「潛在性格」在二十歲左右才會完整，因此到此時代才能確定相合的傾向。首先掌握「潛在性格」所具有的戀愛傾向（參考八十七～九十一頁）。

同時請將自己的「型」與對象的「型」的組合，取出來比較（九十二頁以後）。例如：自己爲「自律型」而對方的型爲「自然理想型」的雙連性格時，請參考「自律型與自然型」與「自律型與理想型」。或者對方的型爲「包容型」，自己爲「單獨協調型」的雙連性格，也以同樣方式來進行。

2 主星掌握你求愛的傾向……

單獨型●

不隨便同意他人意見的自主性，因其強烈而我行我素，在變愛方面，也是以自己為第一優先。因此別忘記多關注對方的心意。

尤其是屬於我行我素的不變之星，所以一旦決定對象之後，你就會不顧周圍的反對而貫徹變愛的過程。

讀取與對方性格是否相合時，請參考：

單獨型---92頁
協調型---92頁
自然型---93頁
完美型---93頁
包容型---93頁
樸實型---94頁
耿直型---94頁
自律型---95頁
理想型---95頁
合理型---95頁

協調型●

自主性強，但與任何人都容易親近，可說是屬於社交型的人，對戀愛的態度無法率直。此乃由於受到和合之星的力量的影響吧！

如同接觸朋友一般，與戀人保持坦白的關係，才能使相合運更為提高。

讀取與對方性格是否相合時，請參考：

單獨型---92頁
協調型---96頁
自然型---96頁
完美型---96頁
包容型---97頁
樸實型---97頁
耿直型---97頁
自律型---98頁
理想型---98頁
合理型---99頁

自然型・

屬於柔軟溫良之星的戀愛，爽朗且開放。渴望戀愛能讓兩人盡情享受的願望。

自由奔放且華麗，因此戀愛可能脫離軌道。

如果與內向的對象戀愛比較辛苦。

讀取與對方性格是否相合時，請參考：

單獨型---　93頁
協調型---　96頁
自然型---　99頁
完美型---　99頁
包容型---100頁
樸實型---100頁
耿直型---101頁
自律型---101頁
理想型---102頁
合理型---102頁

完美型・

屬於緻密之星，感性銳利比他人多一倍。同時好惡極端。但好勝心態容易讓對方誤解。

無須虛張聲勢，坦誠對待自己才行。

能將纖細激烈的感性全部接納的人，就是最佳的對象。

讀取與對方性格是否相合時，請參考：

單獨型---　93頁
協調型---　96頁
自然型---　99頁
完美型---102頁
包容型---103頁
樸實型---103頁
耿直型---104頁
自律型---104頁
理想型---104頁
合理型---105頁

包容型●

屬於人情味濃厚的社交家之星，因此有吸引他人的力量。由於明朗而讓人覺得平易近人。但有關戀愛方面，則具有重視對方的堅實層面。

喜歡照顧人，甚至有些人愛管閒事，如果發揮過度，就會產生反效果。爲了關懷對方，可能將自己的財產奉獻出來。

讀取與對方性格是否相合時，請參考：
單獨型--- 93頁
協調型--- 96頁
自然型---100頁
完美型---103頁
包容型---105頁
樸實型---106頁
耿直型---106頁
自律型---106頁
理想型---107頁
合理型---107頁

樸實型●

無法對喜歡的對方坦白。受到誠實謹愼的家庭愛之星的影響。

雖然不喜愛華麗的交際，但會展開堅實交往而結婚之路。

由於執著心強烈與嫉妒心的原因，而造成糾紛。

讀取與對方性格是否相合時，請參考：
單獨型--- 94頁
協調型--- 97頁
自然型---100頁
完美型---103頁
包容型---106頁
樸實型---108頁
耿直型---108頁
自律型---109頁
理想型---109頁
合理型---109頁

耿直型●

乍見之下溫和，卻是個直性子。一喜歡對方，就會一味地追求。

因爲宿星爲好勝、勇敢的個性。所以行動力強。

但並未考慮對方的心情，而一味地將自己的感情發洩出來，結果也較早冷卻。應該培養關懷之心。

讀取與對方性格是否相合時，請參考：
單獨型--- 94頁
協調型--- 97頁
自然型---101頁
完美型---104頁
包容型---106頁
樸實型---108頁
耿直型---110頁
自律型---110頁
理想型---111頁
合理型---111頁

自律型●

注重名譽的自制之星的戀愛，會以對方與自己的感情平衡爲優先考慮。

並非以喜歡的感情爲重，而以對方能滿足自己自尊心爲戀愛的基礎。

因此，肯定你的實力與尊重你的人，才是最好的伴侶。

讀取與對方性格是否相合時，請參考：
單獨型--- 95頁
協調型--- 98頁
自然型---101頁
完美型---104頁
包容型---106頁
樸實型---109頁
耿直型---110頁
自律型---111頁
理想型---112頁
合理型---112頁

理想型・

忍受孤獨的自我世界而野性的浪漫主義者。對於戀愛的對象，也是執意追求自己的理想。

受到心中具有豐饒河水的努力之星的影響，而對戀愛相當熱情。

但，一覺得對方與自己的理想有些差距時，就會突然冷卻下來。往往期待太高而失去邂逅的機會。

讀取與對方性格是否相合時，請參考：

單獨型--- 95頁
協調型--- 98頁
自然型---102頁
完美型---104頁
包容型---107頁
樸實型---109頁
耿直型---111頁
自律型---112頁
理想型---112頁
合理型---113頁

合理型・

屬於母水的精靈之星宿的戀愛，喜歡安詳、調和的世界。

沒有波折，讓周圍人們產生溫馨的印象。

其實，具有智慧與強烈的自尊心，對愛情不捨棄精打細算的想法。可說此意識使戀愛不白費力氣。

讀取與對方性格是否相合時，請參考：

單獨型--- 95頁
協調型--- 99頁
自然型---102頁
完美型---105頁
包容型---107頁
樸實型---109頁
耿直型---111頁
自律型---112頁
理想型---113頁
合理型---113頁

3 戀愛中的二人絕對看不清未來……………

「單獨型與單獨型」

彼此任性的一面毫不保留，因堅持己見而爭執不休。在長久時間，因這個原因而互相過著我行我素的生活。由於兩人個性都剛烈，所以應避免發生分居與離婚，而重視互相關懷、體貼的心態，才能使我行我素的人彼此持續良好的關係。

「單獨型與協調型」

生活上意見容易產生紛歧，如果剛硬的單獨型的自我主張過強的話，則柔軟的協調型也會使自我主張加強而造成口角，逐漸厭煩對方。

單獨型的關懷與協調型的體貼都充分發揮出來，才是維持長期圓滑關係的秘訣。且此關係，女性屬於協調型最爲理想。

「單獨型與自然型」

二人的關係，是一切事情都依賴單獨型的立場。因此自然型那一方容易顯露任性、依賴心，有時對於單獨型的親切會覺得煩人。但照顧的一方與受照顧的人心連心，因此可維持令人羨慕的圓滿關係。

「單獨型與完美型」

彼此都自我意識強烈，一切事情均是單獨型被依賴的立場。雖然完美型相當好強，卻害怕孤獨。單獨型會同情完美型的孤獨心情。

因此，完美型過於任性而出風頭的話，就不好了。這一點如果能加以抑制，才能保持良好的關係。此種關係，女性爲完美型比較理想。

「單獨型與包容型」

二人的關係，好像離心力與向心力同在屋簷下的狀態。因此，單獨型要求對方接受自己的生活態度與想法，往往容易反目成仇。包容型對單獨型的強烈意志或信條等都加

以重視，因此，單獨的人將所具有不黏不離的基本姿態，以理性來控制自己，則此關係才不會破裂。

「單獨型與樸實型」

基本上二人是一致。此兩者都不會虛張聲勢或諂媚過生活。這一點應該是美好的，但經過長久時間，單獨型容易對於樸實型注重細節或儉樸性格產生煩躁感。

其結果，單獨型強烈主張自我意識而以自己爲中心生活時，則樸實型會受到壓迫而苦勞。因此，長久的生活必須互相忍耐。此關係，女性爲樸實型比較理想。

「單獨型與耿直型」

二人不喜歡奉承、阿諛，而不擅長集團生活也相當一致，但基本上好像長跑選手與短跑選手一開始就有差異性。但結局還是耿直型來牽引。單獨型不具備耿直型的勤勉行動力，因此耿直型可被依賴，但精神上無法得到安定。

另一方面，耿直型也因彼此的步驟不一致而焦躁。如果二人意外長久持續關係，因而單獨型應該關懷對方的前提下，以自己的步驟前進。並且耿直型也需要理解對方的性

質，而不要太急性子。此關係，女性爲單獨型比較好。

「**單獨型與自律型**」

二人都具有堅實的責任感、循規蹈矩、不喜歡奉承阿諛等的共通特點。但與自律型敏銳的行動相比，則單獨型的反應較爲遲鈍，因此，自律型容易煩躁。由於自律型強烈主張自我，所以，經過長久時間會因此產生口角。盡量避免將潔癖的個性發揮出來，即使是精明的人也應如此。此關係，女性爲自律型比較理想。

「**單獨型與理想型**」

二人都有非常相似的地方。彼此的人生觀或生活信條等也有相通之處，理想型的人傾向於支援單獨型。理想型的人內心深奥難以捉摸，但單獨型的人卻可成爲他的最佳理解者。兩人的默契良好。此關係，女性爲理想型比較好。

「**單獨型與合理型**」

無論任何事情，合理型都會扮演建言者。單獨型不會隨便接受他人的意見，但對合

理型的意見比較會坦誠順從。此乃由於合理型的意見合情合理之故。但如果太過於重視邏輯的話，則容易產生口角。這一點必須注意，如能免則可長久維持良好的關係。

「協調型與協調型」

彼此毫不保留任性的一面，長久時間之後容易產生口角。其結果，彼此我行我素的生活令人十分擔心。如果成立了家庭之後，會將外表修飾得體體面面的生活態度視為中心，這一點應該互相留意，努力使家庭生活和諧才行。

「協調型與自然型」

二人的感情相當契合，休閒活動也能夠一起享樂。但過度散財為其缺點。且此關係，女性屬於自然型比較理想。

「協調型與完美型」

二人的關係，協調型接受完美型的任性行為，甚至加以袒護。但過度關懷的話，反而讓人產生束縛感。且完美型好強任性的個性，說不定就是唯我獨尊的心態作祟的結

果。但如果協調型容忍的話，則彼此的關係和順。此關係，女性屬於完美型最為理想。

「協調型與包容型」

交際方面，兩人的意見相當一致。但是協調型比較顧慮週到，因此，長久期間對於包容型的人的善良感到不耐煩。反之，包容型可能對協調型意想不到的強烈自我感到厭煩。應該注意這一點，才能維持長久的關係。交際費較大，然而卻無可避免。

「協調型與樸實型」

二人關係的想法或生活態度有根本不同的傾向。外表看來兩人都很溫和，但心裡卻相當固執，所以，令人擔心兩人之間可能會逐漸造成無法越過的鴻溝。

至於愛情問題，由於是多情種子，所以容易產生波折。為了維持長久關係，千萬別忘記彼此互相關懷。此關係，女性為樸實型較佳。

「協調型與耿直型」

二人的關係容易被耿直型的人所主導。其勤勉的行動力相當可靠，但不懂情趣、淡

泊單純以及容易發怒等方面，使協調型倍感不滿。另一方面，耿直型對於協調型迎合外表的態度相當不滿。但意想不到的是，此二人能夠維持長久的關係，因此，協調型關懷對方進而接受對方的優點，則波折較少。此關係，女性爲協調型較佳。

「協調型與自律型」

二人表面上都相當溫和，其實骨子裡卻有強烈的自我意識，剛開始交往時彼此可保持良好關係，但經過長久時間之後，就出現不合之處而使不愉快的事情愈來愈多。這是因協調型意想不到的強烈自我與自律型的潔癖個性之間，有相當的落差。應該由理性的關懷來彌補才行，然而勉強維持長久關係，則較難。

「協調型與理想型」

乍見之下，二人生活態度不同方向，其實彼此的感情相當融洽。此關係，理想型站在被依賴的立場。兩人的自我意識強烈，有時因互不認輸而產生口角，但協調型的人因依賴心而不記恨。此關係，女性爲協調型比較理想。

「協調型與合理型」

二人溫和的一方相似，以現實的觀點處理事物也是共通的特徵，但金錢感覺這一點而言，合理型精打細算，而協調型則較豪爽，所以並不一致。雖然協調型有些不滿，卻能順從合理型的方針，因此，可避免反目成仇而維持長久的關係。此關係，女性爲協調型較佳。

「自然型與自然型」

因過度開放而喪失緊張感，生活無規律可言，但感情融洽。至於玩樂方面，不論有錢沒錢，都會即刻實行而不斤斤計較。如果彼此成爲配偶的話，兩人都因爲不具主導權，而產生不安感。但可保持親密的朋友關係，也能建立快樂的家庭。

「自然型與完美型」

二人基本上有共通的特點，但與自然型的大方相比，完美型的纖細這一點則不相同。自然型對於完美型的纖細感到困擾，而完美型對於自然型的樂觀產生埋怨。由於自

然型充分理解完美型的好強，因此有寬大的包容心胸，然而如果完美型任性而一味堅持自我主張的話，則自然型的包容心也是有限度的。爲了保持長久的關係，完美型必須退一步才行。

「自然型與包容型」

二人都是開朗外向，且彼此投緣。包容型坦白接受自然型的意見。雖然支出增多，但此組合的金錢支出不會不自由，在休閒、慈善活動方面都相當良好，可長期持續快樂的關係。此關係，女性爲自然型較爲理想。

「自然型與樸實型」

二人，一個大方而另一個仔細，一個外向而另一個內向，可說彼此是完全不同典型，但其實角色分擔的組合相當良好。因此，可以期待開明的家庭生活。

以自然型領導彼此的關係，但此關係不論男性或女性，只要彼此坦誠接受對方的意見，就能夠保持長期圓滿的關係。

「自然型與耿直型」

二人的關係，自然型對耿直型的乾脆性情意氣投合，耿直型對自然型的大方開朗頗有好感，但日子一久就會逐漸發現彼此的缺點而使關係惡化。自然型對於耿直型的暴躁、直性子感到不滿，耿直型也無法忍受自然型的漠不關心又任性的層面。

雙方都具有三分鐘熱度的傾向。因此，爲了維持彼此的關係，應該坦誠保持一定的距離，然而長期的關係比較難以維持。

「自然型與自律型」

二人開放與自律的性格，使其生活態度或想法完全相反。即使彼此了解對方的性格，仍然有不能容忍的地方。自然型對於自律型的規矩無法忍受，自律型對於自然型的漠不關心又任性部份感到不滿。

但自律型因其關懷心態或平衡感覺，所以外表仍可勉強保持體面，然而維持長期關係可能很難，因此，兩者有必要發揮理性來促進融和。

「自然型與理想型」

二人具有自由奔放的想法，而對於華麗的氣氛有共鳴之處，因此維持良好的關係，但自然型逐漸會對理想型的強迫層面產生壓力，而理想型對於自然型的漠不關心又任性部份感到厭煩，結果意見不合的可能性相當大。所以，兩人由一開始互相吸引而到最後演變成分離的局面。

「自然型與合理型」

二人的關係，合理型不可過於講求道理，而應該以柔和的態度來領導自然型，才能夠保持良好的關係，反之，一味地講理、束縛對方時，則自然型就會反彈而發揮任性的一面來，結果無法長久持續彼此的關係。彼此必須互相尊重對方優點，千萬不要破壞對方的心防。所以關懷或努力相當重要，否則難以結合。此關係，女性爲自然型較佳。

「完美型與完美型」

彼此的心態可以了解，因此容易任性，往往對於一些小事生氣。雖然不足以成大

火，但感情的火球一旦相撞時，則一發不可收拾。如果以挑戰精神互相朝向同一目的前進時，則可發揮雙倍效果，但生活方面最怕彼此互相抵觸。彼此都是無法忍受孤獨的人，因此，如果想要好好在一起，彼此必須互相關懷。

「完美型與包容型」

二人的關係維持敏銳對待純厚的公式，將完美型尖銳的熱情讓包容型的敦厚溫柔來加以接受，可說是令人羨慕的圓滿組合。即使完美型將對方視為熱情發洩的出口，包容型的人也不會因此而動怒。不論如何，彼此可互相長期依賴。

「完美型與樸實型」

二人的關係，與完美型的尖銳相比，搭配樸實型深度接受的組合。無論愛情或生活上的意見，經常都是由完美型來領導，且此關係摩擦少又順利。

樸實型具有深度的溫和愛情，因此能夠接受完美型略爲衝動的強迫行爲，但如果經常發生的話，就可能會有意想不到的強力反彈。一旦愛情出了問題之後，吵架的情形經常會發生。但彼此可以長久維持關係。

「完美型與耿直型」

二人的關係，在未充分了解對方個性之前，無法進一步發展，然而一旦點燃愛火，就會激烈互相吸引，雖然最初可過著溫馨的生活，但之後會對任何事產生衝突。除了耿直型加以忍受之外，似乎無其他方法可行，然而卻難以克服。必須耗費精力才行。雖然因吸引而結合，但終究會分離。

「完美型與自律型」

二人的關係，都維持強烈的自尊心，所以，如果未注意言行舉止的話，則可能會爲一些細節而反目成仇。然而一旦感情問題浮出檯面時，則難以復合。必須相當的努力才行。雖然因吸引而結合，但終究會分離。

「完美型與理想型」

二人的關係，最初對事物具有挑戰的精神，因而意氣投合，但深交之後，忍受孤獨的理想型的毅力，雖然顯得好強，但害怕孤獨的完美型會逐漸被束縛。完美型如果能夠

忍受被束縛的感覺，就沒有什麼問題，但長久如此的話，則無法忍受。雖然因吸引而結合，但終究分離。如果維持長期的關係，則因彼此的性格中感覺自己缺少個性的魅力。因此，好好珍惜這種心態，才可勉強維持良好關係。

「完美型與合理型」

二人的關係，如何調和完美型的尖銳與合理型的理性爲一重要課題。在這種情形下，合理型必須擔任領導的角色，因此，合理型的人客觀地提出建言，則可勉強維持關係。但是過度地講理，可能會受到對方的反彈。最初因吸引而結合，但不久雙方也因痛苦而分離。

「包容型與包容型」

彼此的任性毫不保留，容易將自己的缺點推給對方。跟照顧他人而忙碌不休的男性相比，女性也想照顧他人，立場反之也相同。兩者開朗又善良，雖然不會陰沈，但卻容易發怒。尤其男性對於其他女性親切的態度，是發生糾紛的原因。如果彼此了解對方的缺點，才不會使感情觸礁。無論如何，努力才是最重要的。

「包容型與樸實型」

二人的方向維持內與外的關係。根本上，想法與生活態度有不相容之處，然而卻有互補的良好層面，雖然有埋怨，但旁人看來依然是恩愛的組合。問題的焦點，就是當男性屬於包容型，親切對待其他女性時，往往容易產生誤解。這一點應該注意，方可長久持續良好的關係。同時這種關係，女性屬於樸實型較爲理想。

「包容型與耿直型」

二人的關係，均以行動力爲中心，所以相當投緣。包容型的大方、溫柔可以彌補耿直型不阿諛奉承的耿直行徑。

耿直型對於包容型的敦厚愛情或生活態度會無條件地加以信賴。包容型對於耿直型的可愛又純眞性格也會無微不致地體貼。因此，可維持長期圓滿的關係。

「包容型與自律型」

二人的關係，乍見之下方向不同，但是由於一方凸，一方凹，可發揮相合的妙處，

所以相當美滿。包容型敦厚的愛情會體貼自律型，而自律型也會坦誠接受對方的體貼，可說是理想的組合。

「包容型與理想型」

二人的關係，都是奔放庶民性格，所以相當投緣，但想法或生活態度有相當的差距。包容型總是顧慮週到，但長期間理想型會感到厭煩，而將親切視爲囉嗦。如果包容型保持某程度的距離，則可勉強維持關係。雙方都需要關懷、體貼。

「包容型與合理型」

二人的關係在現實主義方面一致，但因交際問題或金錢問題竟見不合而產生口角。包容型總是顧慮許多事情的立場，但包容型概括性的想法對於合理型打如意算盤的想法或理論，有時會感到厭煩。

基於這一點的考量，合理型對於對方的生活態度或竟見，某程度地加以容忍的話，才可長久維持良好關係。同時這種關係，女性屬於合理型比較理想。

「樸實型與樸實型」

互相任性的一面表露無遺，尤其對細節的問題容易產生口角。同時二人都相當樸素，所以缺乏變化且少情趣。

以家庭為中心而腳踏實地的生活，並不會感到不滿，然而享受一些休閒活動，使生活多點變化，才不致於陷入乏味的狀態。應該留意異性問題，避免產生嫉妒心。無論如何，努力關懷最為重要。

「樸實型與耿直型」

二人的關係，由情愛濃密又溫柔的樸實型站在支持耿直型的立場上，無微不至地細心照顧，但容易因濃密的情愛而衍生嫉妒心，所以，耿直型需要留意行動才行。

樸實型應該理解對方淡泊的性格，才不致於過度干預對方的言行。如此將會是令人莞爾一笑的溫馨家庭組合。

這種關係，女性屬於樸實型較為理想。

「樸實型與自律型」

二人的關係，具有情愛的溫柔體貼或深厚的樸實型，對於一切事情都會去支援自律型的立場。但過度照顧的話，由於自律型並不喜歡黏膩的感覺，所以容易厭煩。因此樸實型在不黏對方的程度下來體貼對方，才能夠維持長久的良好關係。這種關係，女性屬於樸實型較為理想。

「樸實型與理想型」

二人的關係，如何來解決抑住的樸實型與欲分離的理想型之間的公式是一大課題。樸實型的生活空間狹小，而理想型卻相當寬大。所以，需要互相了解對方的性格才行。樸實型的人心胸必須寬大。樸實型屬於現實主義者，而理想型屬於浪漫主義者，因此互相肯定對方的長處相當重要。努力關懷以維持良好的關係。

「樸實型與合理型」

二人的關係，以現實思考事物的想法與親情的厚度互相一致，但合理型理論式的意

見與樸實型情懷式的意見有不吻合的傾向，所以經常爭吵不休。這種關係，合理型的人較居劣勢。爲了長期維持良好關係，樸實型的人需要關懷對方才行。

「耿直型與耿直型」

耿直型呈現任性的一面，甚至憤怒，尤其男性較會大發雷霆。但由於個性乾脆，事後並不會耿耿於懷。

至於愛情的表現並未具有濃烈的情愛或情調，但是很單純。因爲太過單純，一旦戀情別移時，就不容易阻止。彼此應該注意這一點，雖然缺乏變化，但會以心連心的方式長久持續良好的關係。

「耿直型與自律型」

二人的關係，有欲改變生活態度的立場與保守立場的差距，男性屬於耿直型時，問題比較少，女性屬於耿直型時，看到男性保守的處世方式會覺得狡猾或卑劣，而感到對方與自己完全不同。在這種情形下，女性自身的行動必須盡量配合男性，才可以融合。這種關係，女性屬於自律型較爲理想。

「耿直型與理想型」

二人的關係，由於雙方都相當固執，所以一旦發生口角時，彼此粗暴的性格說不定一發不可收拾。但二人的心情具有共通的特徵，仍然可以恢復原狀。這種關係，耿直型扮演協助理想型的角色，這一點雙方可以充分了解到，才可以長久維持良好的關係。

「耿直型與合理型」

二人的關係，動與靜非常巧合的十全十美的組合。由耿直型扮演領導的角色，而合理型加以順從接受的立場。合理型比較理性，而耿直型比較急性子，所以有時會爭吵，但因耿直型的淡泊個性使然，其發怒的時間相當短暫。無論如何，都能長久保持良好的關係。這種關係，女性屬於合理型較爲理想。

「自律型與自律型」

任性的一面表露無遺，所以經常爭吵不休。更不巧的是，彼此的自尊心都很強，一旦衝突之後，怨恨就會根深蒂固。反之，由於自尊心強烈，想要分手也不乾脆。因此爲

了長久保持關係，彼此必須考慮對方的立場而以理性的方式來解決，似乎無其他方法可行。生活缺乏變化，且無趣味可言。

「自律型與理想型」

二人的關係，一切都由自律型扮演領導的角色，理想型之所以會接受的原因，多半是肯定對方的領導，所以二人的關係非常理想。但是兩者的性格都相當固執，所以無論任何場合裡，彼此相讓最爲重要。二人的關係可以維持長久圓滿的生活。

「自律型與合理型」

二人的關係，包含強烈的自尊心非常相似的性格，彼此尊敬對方的態度，使爭吵的次數非常少，可說是理想的組合。同時兩人好強又精打細算的個性也非常相似，但有時會互相反彈。

「理想型與理想型」

最初相當和睦，但最後會露出任性的一方而互相反彈。然而由於彼此都深思熟慮，

所以感情溝通良好，其關係相當牢固，不易破裂。尤其互相注重關懷、體貼，所以能夠長久維持良好關係。

「理想型與合理型」

二人的關係，一動一靜，浪漫派對現實派，彼此的心情都可以了解，但其異質的部份卻無法避免。合理型的能力容易受到理想型的壓迫而無法伸展。所以這種情形下，理想型的關懷心特別重要。同時，女性屬於合理型較爲理想。

「合理型與合理型」

最初兩人的關係良好，但逐漸會露出任性的一面，所以爭吵多。彼此的自尊心強烈又好勝，所以無法忍受對方。且生活層面連細節部份都顧慮週到，結果彼此都覺得相當厭煩。爲了長久持續關係，則理解彼此的長處與缺點最爲重要。努力關懷才行。

第4章
邁向幸福與充實人生的
「天職運」

內心深處寧靜的訊息

1 走向真正成功、潛在性格所期盼的意外職業……

「現在的職業是否適合自己呢？」「對現在的職業是否可以一直持續下去，缺乏自信。」……您對工作是否感到迷惑或煩惱。

使人生充實的合適職業，並未以自己所認識的性格呈現出來，而是隱藏在「潛在性格」之中。因此，選擇潛在性格所需要的職業，才可以保持安定的精神，自然可獲得成功。至於未就職的人或轉職的人，請好好地參考一番。

聆聽「自己眞正的心聲」而在合適的職業中努力，才是獲得幸福的捷徑。至於雙連性格型擁有雙方的性格，例如：理想型＋包容型時，請參考理想型與包容型兩項的職業。選擇哪一方的職業都相當適合。

單獨型……

您是屬於我行我素、獨立自由的人。請選擇不被他人束縛的個人職業。舉凡**自由業**、**自營業**、**具有資格的工作**、**藝術**、**演藝**、**技藝**、**技術者**、**學者**、**運動選手**等。至於運動方面，還是以個人競技較佳。因爲不擅長與他人共同作業。否則只是白費力氣，徒增無謂的壓力而已。

違反自己的意志在集團中工作，應該以誠實代替阿諛諂媚來作爲推銷重點，而默默地在自己的部門工作。爲不屈的努力家，其努力早晚會受到肯定，而得到高度的信用與地位。然而需要克己與寬容的精神。

單獨型爲大器晚成型，無法一夜功成名就。因此千萬不要急躁，努力邁向自己的目的地。尤其出生於冬天或秋天的人，這種傾向最爲強烈。但是，夏天或春天出生的人，反而較爲行動派。由於屬於行動派，其速度加強不少。然而以靈活度而言，則屬於不靈活型，這一點應該要自覺。

協調型……

一面維護自己的立場，一面善於協調的團隊活動者。因此，不適合在屋內默默工作的事務作業。

諸如**管理員**、**營業員**、**秘書**、**記者**、**推銷員**、**演藝**、**政治**、**服務業**、**現場交易**、**團體運動**等，服務或重視人際關係的工作種類，可使本來的素質發揚光大。

由於擅長集團中的生活，因此，在團體或職場的組織中，可使自己更適合發展。本身具有領導者的素質，因此，在集團中展露頭角的生活方式，才是獲得開運與幸福的捷徑。但容易陷入爲了自己的成功而將他人視爲利用工具的利己主義中，卻害怕受到團體的排斥甚至孤立。

生涯運爲「不動」或「固定」的人內心相當固執，因而爲了獲得成功，千萬不可以忘記「和」之心。

自然型……

爲彈性的樂觀派，想在大地上優游自在的自然兒。所以最適合在不受束縛的環境中工作。受不了規則或規律的日常生活。屬於此星的人以人氣之星的演藝人員居多，在**傳播界**、**演藝**、**藝術**、**學術**、**運動**、**廣大文化方面**，可發揮才能來。

由於爲人機靈又精明，所以作生意容易成功。不但具有發展的素質，也具有無慾的福德，終生不缺乏衣食，所以反而容易喪失鬥志。

一旦得到某程度的滿足，就會停止，一生得過且過地生活。

生涯運爲「自由」的人，尤其此傾向強烈。或「固定」的人反而因爲進退兩難而產生苦悶。

但是，如果從年輕時代就擁有終身工作的人，其對於技術、工作的熱情倍增而獲得大成就。

完美型……

好勝又自尊心強，自由獨立的精神旺盛，頭腦清晰。賦有直覺力或感受性，對一切事情思維纖細，不喜歡半途而廢，而一味追求完美，以單純的心態前進。由於如此，從社會生活方面來看，在各種層面無法融入，所以屬於不懂世故的人。

由於其職業也與其他類型不同，因而受到限制。所以還是選擇一技之長的工作爲宜，例如：**技術或藝術**、**學術或技術**等的領域。至於選擇的工作屬於知性的職業比較適合，舉凡**科學家**、**醫生**、**法官**、**聖職者**等，探究眞理、追求正義的職業都是。

由於挑戰精神旺盛，不易妥協，所以缺乏人和之氣。在共同事業或組織中工作，容易陷入痛苦或苦勞中。

誠實的您可自覺到自身的缺點，因此，在人際關係上相當費神。所以，選擇探究眞理、追求正義，擁有執照的專門技術等，活用一技之長的領域較爲適合。

包容型……

爲人情味豐富的開朗社交家，因此不會默默待在家中，而對於外面的活動覺得有意義。所以適合人際關際的工作。選擇可以發揮服務精神的職業爲佳。至於在公司的營業部門，最適合跑外務的工作。

舉凡**事業經營**、**大飯店**、**飲食業**、**服務業**、**理容業**、**司儀主持業**、**傳播**、**演藝**、**政治**、**管理員**、**指導顧問**、**護士**、**運動選手**等，適應的範圍廣泛。

對於「朝九晚五」等固定模式的上班意識相當缺乏。在人與人之間自由自在奔走，才適合自己的個性而覺得幸福。

由於是被賦予所謂回轉財的財運之星，因此，依此關係來處理金錢的職業最符合天性。回轉財意味出貨都相當多，因此不一定可以蓄財。但不容置疑的是具有財運，在此自覺之下，努力累積財產的成功機率相當高。

樸實型……

不只誠實且相當用心的努力家，做任何事情都能平順地加以達成的才能之人。從事任何工作，都可得到相當高的地位。立即融入環境之中，工作順利進展，獲得上司的賞識。

但是不論如何，被賦予唯一累積財富之星的財運，因此從事商業或其他實業，才是符合天性的路線。

細心又踏實地一步一步前進，所以每天收錢的業種，且可機靈地從事多角經營的工作，最易獲得成功。

以節儉爲宗旨，所以不會浪費金錢，雖然只是賺小錢而已，但也可積少成多。

至於從事其他的職業，由於正直、不喜歡虛張聲勢、阿諛的個性會吃盡苦頭，也較缺乏彈性，所以適合上班族的工作或踏實努力的職業。諸如**銀行業務**、**技術關係**、**教育關係**、**學術關係**、**勞力的工作**、**運動**等需要努力的領域。

耿直型……

講求義理人情，既厚道又正直。並未具有濃厚的情緒性，不擅長阿諛諂媚。加上淡泊又乾脆的個性，使其在社交方面吃虧不少。然而擁有勤勉的精神與敏捷的行動力，以及一眼看透對方的直覺力與加以對應的能力。利用此優點，凡事皆可奏效。

但應該注意，此星最易受到其他星宿的影響。例如：生涯運或十歲層運爲「正順」時，爲品性良好的非常之星，但「獨立」時，會成爲衝刺之星。至於「固定」時，則加強頑固的性格。屬於「流水」時，適合服務業。

從事**現場的指揮者**、**政治家**、**鬥士**、**警官**、**檢察官**、**軍官**、**運動選手**、**技術**、**個性派的演藝人員**等，其性質可充分發揮出來。

但無論如何，無法成爲組織中的一個齒輪，而必須單獨行動才可發揮眞正的價值。並非和平時代而是動亂時代才可發揮眞正的力量來，所以和平時代其個性無法發揮出來，這一點應該要自覺才行。至於女性還是提早踏入社會比較活躍。女性並不太適合待在家庭中。

自律型……

在心中擁有一種地位的象徵，重視自尊心或信用而具有平衡感的人。

適合的職業，諸如**公務員**、**大企業的員工**、保持品位的**學者或藝術家或技術者**、**武官**、**金融關係**的工作等。

責任感強，守規矩、講規律，好像穿著禮服一般一絲不亂。受到上司高度的信賴，不久之後賦予重要部門的工作。

如果是自由業或自營業時，只要是滿足自尊心的工作，即使未得到適合性格的職業，也能欣然接受。例如：取得專門技術資格或知識的領域、技藝或特別技術而擁有滿足心理的工作。

無論如何，以服務精神爲宗旨的職業最好敬而遠之。因爲勞苦多而無法得到代價。

但生涯運爲「受轉」或「親和」的人，其人際關係相當順暢，從事服務業因有機制，所以能夠成功。

理想型……

心中擁有豐饒河流的努力家。**研究者、先驅者、探險家、改革家、宗教家、特異的藝術家或江湖藝人、服務業、投資企業、廣告業、嗜好的工作等個性化的職業等**，能夠得到成就與幸福。

如果擔任醫生的工作，則會熱衷醫術革新的冒險性外科醫療，不走安穩又問題少的正統之路線，而選擇無人走過的道路，才能使素質開花結果。

不適合上班族的工作。選擇自由的職業，追求自由，追究事務的本質，才可使此星發揚光大。

因此以社會性、一般常識來看，您可說是想法特殊的人，在心底部分擁有難以讓他人理解的孤獨之人。

不適合體制，不會阿諛奉承他人，不受傳統束縛，不問貧富貴賤，不分善惡或清濁，也不重視儀表，又名浪漫型，心中具有喜歡特殊，與衆不同的性向。

因此，您在一般的社會生活之中，如上述所說的那樣，無法使個性發揚光大。最會認眞思考出生於世界的自己，究竟應該過著什麼樣生活的人，所以必須了解前面所列出的職業，以便選擇適合的工作。

在創造、發現、改革或冒險等，廢寢忘食地埋頭工作的熱情之人，也是忍耐度強烈的努力家，因此，只要集中一件事情，就會達成目的。

尤其生涯運爲「固定」時，這種性格特別強調。

如果屬於「正順」的場合時，會傾向現實之路，因而朝正統方向前進，必可融入其中。

在「想望」的場合裡，可能使社會刮目相看的成就出現。

合理型……

智慧與自尊心與好勝性情所支撐的合理現實主義者。眼睛所看到的世間事務，只要是合理又有利益的工作，不會不感到興趣，雖然喜歡理論，但對空洞的理論卻覺得浪費時間。由於適合一切事務，所以能順利踏實的進展。

頭腦清晰，適合從事**科學家**、**歷史學者**、**考古學者**、**教師**等的工作。企業方面，最好選擇**技術關係的部門**，而一般事務關係，則成就比較平凡。喜歡平靜、調和的世界，因此，最適合繼承**古典藝能或傳統藝術的精神之領域的工作**。

重視理性，在政治或商業方面爲了能得到大成就，必須要有某種程度清濁併呑的大器量。

在藝術方面，並不適合非現實性、破壞性的粗陋手法。而以現實又調和且重視知性的手法去創造藝術。適合**傳播**領域。在藝能方面，以純潔的知性派活躍其中。

第5章

吉或凶、你的人生起伏時的「九宿動間運」

如何因應天的數理

1 以天的數理〈九種運氣〉循環的運勢波動……………

「動間運」不同於第一章到第四章的「宿命」爲基礎的「星」之說明，與你的意志或願望並無直接關係，可說在無意中又無訊息之下從天而降的「運氣」之意。亦即所謂「運好」、「走運」、「運差」、「倒楣運」等之「運」。

雖然難懂，但在本書中，此運依據「天之數理」將九種運氣的循環作一說明。以「數的因果律與其暗示力」爲基本，來判斷你的「運」。

我們都會經過出生、成長、成熟、繁衍子孫，逐漸老化而完成使命，最後離開世間的過程。這並非限定於人類而已，也是賦予動植物界的一切大自然之所作，正啓示神的意志。

如果人生過程使用圖形表示，即如**圖表3**。

換言之，以人生行程爲九過程即九時代的想法來說明。此與我們在胎內所生活的

九個月期間（大約二百八十天左右，折算約四十週）相當符合。

依照古代中國的想法，與我們的意志或願望並無關係而是從外來的「運氣」，也按照因果律加以推測，就可掌握成爲從數字1到數字9的過程如波動般地浮沈而反覆循環的狀態。

本書的動間運，以古代中國的命運學爲基礎，爲了更容易了解九種「運氣」，將視同爲「宿」，將你說明爲宿泊客的觀點。

九種動間運如下：

一宿新生　二宿變動　三宿發展
四宿流轉　五宿形成　六宿確保
七宿轉節　八宿打開　九宿渡了

<圖表3>人生行程指標

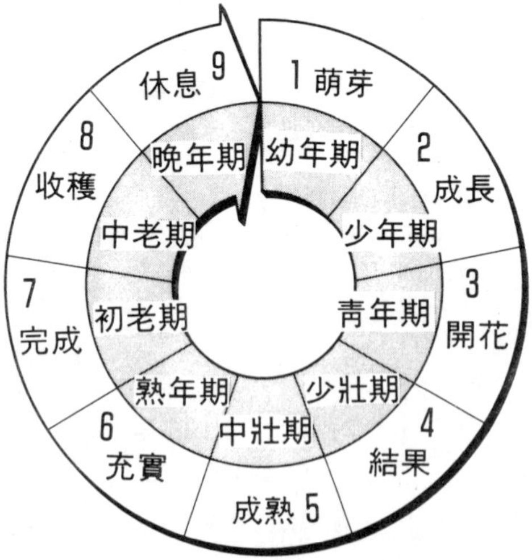

2、
6、
10、
13、
16、
19、

此九個「運氣」，如生、動、極、流、展、轉、充、息等波浪的生成過程之循環，所以互相有關連。尤其二宿與三宿、八宿與九宿的運勢有連動。

命運與海相同，其波浪愈大，則變化也愈大，且使其波浪變大變小的一種因素之一，與自身的潛在性格或年齡、男性、女性、老人、小孩，或家庭主婦等的行動範圍大小有密切關係。因此，下面所說明的各動間運並非每個人都相同，即使隸屬於同一宿，其結果或程度的大小也不一定相同。

例如：巨大颱風登陸之際，經驗豐富的五十、六十歲層的人為了要因應颱風，往往會提早將門窗鎖好，而將損害減低到最小限度。

至於女性，也許會將家庭內的小孩或老人集中在一起，提早避難而防範傷害的發生。

同時，也有人停泊其宿，但因坐在魚船上熱衷釣魚，而溺死的情形時有所聞。

如此的動間運之波浪，因本人的潛在性格或年齡等之不同，有些人雖然處在狂風大雨之下，仍能將大難化為小難，而有些人卻剛好相反，以為只是小風小浪而已，怎麼也料想不到竟然轉為大波浪而沈溺，所以結果因人而異。

一般而言，主婦、老人或小孩等不太會擴大行動範圍的人之波浪，多半是如漣漪

一般而已，但活動力大的人之波浪，卻會轉爲動亂的激浪，因此，這一點請各位務必要牢記。

2 九宿動間運的引導與把握方法……………

「動間運」是使用九種運勢來觀察「長運」或「年運」。請使用你的動間循環基盤表（參考一九四頁），觀察每年的運勢或長運。

動間運的引導方法　動間運的引導方法，首先需要的是你的生月。與年齡並無關係，而是以生月來計算。不妨先參考一三四頁的〈**圖表4**〉的動間運循環基盤表的年運基盤。表示①之中間欄（宿）爲起點的基準動間運。一宿或二宿等各宿動間運之上方所附上的數字稱爲「運數」，將其中你的生月數與同種運數之動間運擺放在中央欄，當作基準動間運。

圖表4的例示為5月出生的人，因此中央欄設定五宿形成。10月出生者、11月出生者、12月出生者，是以1+0、1+1、1+2的方式作單數計算，但其運數各設立為1、2、3。由於如此，1月出生的人為一宿新生。2月出生的人為二宿變動……12月出生的人為三宿發展，所以擺放在中間欄。然而將接下來的宿按照②③④⑤的順時鐘方向配置運數的順序，擺到第⑨號後，即結束。此配到就是終生不動。

年運的看法　配置中央①欄的基準動間運為年運的起點。首先，從呱呱落地當天到同年的12月31日會受到此運的影響。依據九宿動間運，從年初到年底視為「一年」，這一點需要注意。因此，如果是12月31日出生的人，該年的一年只有一天而已。第二年就會轉移到達②之宿，受到其宿之運。**九宿動間運的宿為固定的，到1月1日就自然而然移到下一個宿。**

〈圖表4〉

動間運年運基盤（5月出生的人）

四宿流轉 9	六宿確保 2	七宿轉節 3
三宿發展 8	五宿形成 1	八宿打開 4
二宿變動 7	一宿新生 6	九宿渡了 5

接著數年齡時，**最初之欄爲0歲之年，下一年爲1歲之年**（滿1歲生日之年份），依照順序進行下去，繞一圈之後，下一個階段的起點宿爲9歲之年，因此，以後進行起點宿的年份之年齡加上9，依次爲18歲之年、27歲之年、36歲之年。看年號時也一樣。例如：一九六六年出生的人，下一次起點宿爲一九七五年。其他年份以同樣方式來觀察即可。

★受到此運影響的期間，是從年初到年底之間，到每一年的10月就會進入下一個宿（翌年）的影響。當然各動間運所具有的能量不同，但次宿的運會明顯出現的情形較多，因此從10月以後的3個月期間視爲運氣雙疊而加以判斷。

長運的引導方法與看法　配置一欄的動間運之運氣以9年期間的循環連續運爲長運。請參考一三六頁的〈**圖表5**〉。以例示的5月出生來看，中央欄的五宿形成從0歲持續到8歲，**將影響各年運**。

例如：第二年的「年運」爲六宿確保，所以，此時的「長運」也會受到五宿形成的影響。在持續維持安定的六宿確保流程之「年運」當中，雖然沒有急遽的變化，但必須判斷爲受到五宿形成與其「長運」的影響，容易產生需要檢討自己身邊而強化態

勢的事件之年份。然而9歲之年，此「長運」會移到次宿的「六宿確保」，以同樣的模式經過以後的9年期間。

然而此長運在9年期間只與年運重疊一次。以例示情形而言，從18歲之年的長運會進入③欄的七宿轉節，到了20歲之年的年運也會進此欄（參考圖表4）。將此情形稱為「宿合變」，此年判斷為比其他年份更容易發生異動的情況。**尤其二宿與二宿、六宿與六宿、八宿與八宿之重疊，其宿的運氣會加強，且其流程也不安定，所以必須注意。**或許可以視為會產生日蝕與月蝕等現象，且容易變成散漫、錯亂，容易產生事件，無論做任何事都無法集中心力。

「長運」與「年運」的關係，具有強烈能量之運的那一方擁有影響力。具有強大能量的運是二宿、三宿、六宿、八宿

〈圖表5〉

長運基盤

── 四宿流轉 72歲一80歲	── 六宿確保 9歲一17歲	── 七宿轉節 18歲一26歲
── 三宿發展 63歲一71歲	── 五宿形成 0歲一8歲	── 八宿打開 27歲一35歲
── 二宿變動 54歲一62歲	── 一宿新生 45歲一53歲	── 九宿渡了 36歲一44歲

等。這些強烈動間運的能量進入長運時，平常不太有變化的長運，會發揮不可忽視的力量。

尤其三宿發展與四宿流轉需要注意。三宿發展是年輕時代，相當於青年期的18歲到26歲期間或少壯期的27歲到35歲期間，進入最好而可成爲建立人生基礎的時代。但與此相反，從初老期到晚年等的場合裡，其能量無法發揮出來。然而容易以加速性朝向事業的失敗或生病等不好的方向，這一點必須留意。

無論任何年齡，凡是進入四宿流轉，都會產生衰退的氣運，所以9年期間的波浪會降低。如果青年期（18歲開始）或熟年期（53歲開始）之間進入四宿流轉的話，由於此時屬於人生的開花期、結果期、成熟期、充實期，所以必然會帶來負面效果。因爲事物無法發展，結果勞心勞力不少。

假定「年運」爲良運而「長運」不好的話，則會打折扣而不順，反之，即使「年運」不好時，但「長運」好時，會得到良好的年，因此動間運好壞與否跟年運、長運有密切關係。

請各位參考一九四頁以後的「動間運循環基盤表」的年運基盤與長運基盤，占一占你的每年運勢。

3 從動間運

了解今年與未來的你……………

一宿新生

充滿意願的新邂逅年月

邂逅新企劃、希望、重新振作心情、機會等新人生的年月。進入此宿，眼前會出現從無中生有般的新狀況來。在心情上好像產生天將破曉的徵兆般的清新氣氛，而會湧出積極的意欲。

諸如新計劃、新工作、新場所、新交遊。或到陌生地區長期旅行、就職、轉職、新居、結婚等，可促進重新振作心情的新環境。

屬於多加期待的年月，但能量輸出小，所以無法有大發展可爲。應該愼重計劃而

腳踏實地地進行。1的數字爲吉數，但與長運組合起來，就不一定是個吉數，也會產生不如意的情形。

愛情方面，因新環境的出現，可能與心中深深愛慕的人邂逅。本年月的邂逅或人際關係是屬於宿命性的，所以可說是個好機會。應該積極行動。結婚是新鮮的開始且吉利。

金錢方面，開拓活路。但因意想不到的事件而使開支擴大。

健康方面，如果本年月生病的話，恐怕長期不癒。

工作方面，因就職、轉職、創業等重獲振作心情的機會，但展望卻不如意。

【長運的場合】 呈現新面貌的時代，會出現過去未經驗的新局面。爲吉意多的運，但與年運的四宿的關係多半不好，但進入老境後，會與二宿六宿八宿等邂逅，有必要特別注意。

二宿變動

八方有強大力量發生的衝動與波亂年月

產生不安定的強烈能量，而事物變化多的年月。

進入本宿，好比生成中開始增殖發展的狀態一般，自己的心情與周圍的事物也受到強大自然力量而以衝動性變動，所發生的事件或事物容易朝意想不到的方向進行。

由於如此，必須要加以收拾事態而忙碌不休。

爲人生多事變動的年月，其行動多半是多餘的，因而不能帶來正運而耗費廣大能量，且容易發生意想不到的事件。

總之，情重於理，加上不知退讓，所以容易產生口角或分離。

因此，中年以後的人，儘量要以壓抑自己感情的方式生活才行。

但本年月也是屬於熱情、鬥志、挑戰等果斷行動的年月，因此，對於年輕人而言，是盡情進行行動的良好時期。

不要害怕結果而乘著破竹之勢盡情活動。即使失敗，也有豐碩未來在等著。

愛情方面，在熱愛的季節中紓發熱情。因多情善感，不是激情就是分離。結婚不佳。但10月以後則大吉。

金錢方面，波動大，但多半都是花費大而實利少。

健康方面，應該留意事故或突發的疾病。

工作方面，會產生意想不到的障礙或事件。此時先退一步再愼重前進爲要。

【長運的場合】 人生多事變動的時代，好比烏雲密佈的的天空。此時期應該要好好掌握方向盤，且隨時準備踩煞車的心態去前進。

雖然乘風逐浪而有大成就的時代，但是，另一方面也可能產生陷入谷底的能量。

三宿發展

充滿希望或自信的繁榮年月

九運中能量最旺盛的時期，除了因事業等在前階段的年月遭遇挫折的人，與因重病惡化的人之外，爲建立繁榮基礎的良好年月。過去的努力開始開花結果，保證可得到充滿希望、自信或期許的華麗生活。

具備愛情、財富、名譽集中於一身的運氣。

不只如此，此宿之運，對於後來的6年期間的運氣有著莫大的影響，所以不可忽視。

但因爲屬於極佳的運勢，其能量也對於惡化的諸事同樣具有影響力，所以對於這一種運氣的人可能會產生最壞的結果，請各位勿忘強烈能量對壞事也同樣有影響力。

不要得意忘形。否則就會被扯後腿而倒下來。

本良運對於10歲層、20歲層、30歲層、40歲層的人們有效而已，所以，屬於此時代的人應該牢記「時間就是金錢」的格言，不枉費年月而去努力才行。

愛情方面，開花結果，如願以償走向地毯一端。結婚爲大吉。

金錢方面，調度順利。甚至有些人的財富有如天降。

健康方面，因能量增強，因此，必須留意腦性疾病或心臟疾病等突發疾病或事故。至於重病者有生命危機。

工作方面，如果前年月運氣不好，將會極壞。不然過去的努力將得到回報而有大成就。

【長運的場合】 對於任何年運都能賦予旺盛能量而保證發展的時代，但一進入人生後期時，有關事業的惡化或疾病，因能量產生反作用而陷入極惡狀態，必須充分留意才行。

如果得意忘形或傲慢的話，將會有大摔跤的可能性。

四宿流轉

具有容易變遷與脆弱性的衰退年月

會覺得人生悲歡的年月，包含辛勞、感傷、失意、衰退、浮躁、華美、人氣等的流程。連接達到頂端的宿之次宿，氣力產生衰退感，諸事都往移行流轉的方向。

因此，一進入此宿，事物無法如意推行，容易產生失望或感傷。對於任何事情都盡心盡力，然而仍無法穩定，呈現散漫狀態，事物無永續性，一切均以浮華結束。

此宿，由於容易移轉、脆弱、曇花一現般等具有流轉性，在悲歡交織的情緒傾向之下，也會產生人氣運。

但多半的場合裡，人氣運不能成爲單純的名聲運，而伴隨醜聞、緋聞。

所以，對於演藝界、運動界、政治界、文藝界等人氣業的人來說，容易造成大紅的良宿，且因醜聞、緋聞轟動社會而提高人氣之宿意。

對一般人而言，此人氣運也會產生作用，但吸引他人眼光的事件多半是醜聞、緋聞或生病住院或喪事的不好事件。

因此，本年月萬事慎重處理較爲明智。

愛情方面，因情緒不穩定，遇到失戀的悲傷，或外遇情形發生等，而有流轉的悲哀。結婚是外表華麗而內部空洞。10月以後才大吉。

金錢方面，外表好看，其實週轉不靈。爲了交際而衝動購買等的浪費多，收入少。

健康方面，飲食不規律而傷身。未注意的話，可能會住院。

工作方面，因事物不順利，業績每況愈下。

【長運的場合】　好像一層薄雲所覆蓋或陰天的氣氛，而缺乏充實感的時代。與年運的三宿重疊的場合裡，會使三宿的發展運減半。與年運的一宿邂逅時，容易產生不良事件。

一般而言，力量會衰退的時代，所以不可牽強行動，而以隨波逐流的心境生活較爲安全。

五宿形成

有餘裕與事物具體化來迎接的華麗年月

安定信用、慶弔交際、蓄積形成、展開表面化等，如果以人生作爲舞台來作比喻的話，則本宿具有照明全體的立場與華麗浮出檯面的運氣，繼承三宿的第二個陽光普照的場所。

本宿的特徵，是事物自然能表面化的時機，如果朝向陽的宿意，亦即朝向正運的方向，如上述般與入學、就職、升遷、調升、結婚、新居、開店、受勛的其他名譽，以及交際有關，其立場均引人矚目。

剛才說過正運，其實五宿之5數字運包含反氣運，如果與長運組合不佳，有時會產生負運。至於判斷基準，就是進入本宿的前三個月，即前年的10月左右開始有關正負運徵兆會呈現出來。如果有良兆，可說本年月是正運的年月而可以擬定計畫，但如果是疾病出現，或其他困擾問題逐漸擴大情形時，則可判斷本年月爲負運，而在不嚴重之前提早對應才行。

負運之運的內容，簡言之就是立場會惡化，亦即舞台上轉暗的狀態。至於宿運屬於漸進而非急進性，因而本年月應該緩慢展開事物。如果對事過於性急的話，則往往會招致反氣運。

愛情方面，結婚是絕佳運氣。本年月的結婚非常多，且具有華麗的內容。結婚應該從去年的10月開始到本年的9月期間執行。且金錢方面調度良好，但交際費支出大。且本年月與物質有緣，因此，容易得到物品或不動產等。健康方面，如果有病根，就會表面化，趁早加以治療爲要。工作方面順利，立場受肯定而有升遷。事業資金方面充裕，業況良好，但精神容易散漫。負運時，與前相反。

【長運的場合】 雖然是陽光普照的時代，但變動緩慢。交際應酬多。年輕時代遇到吉意多的運氣下會得到進展運，但本運包含反氣運，尤其在人生後期，從內側表面化的事物因疾病或事業等容易呈現惡徵兆。必須注意年運的八宿關係。事物慢慢呈現出來，所以提早對應爲善。

六宿確保

要求構築與修復的繁忙年月

一進入本宿，工作、事業、家庭、愛情、健康、育兒、運動、求學等，全部必須強化態勢，或應該重新出發等事情發生而忙碌。

由於如此，必須重新檢討而進行某些策略。

有關社會的立場，必須進行補強工作，由於如此，蓄積今日，其內容會發揮效果而更強化立場，即權威或立場被確保。

在家庭內，夫婦、親子的關係上會產生煩惱，疾病或小孩的教育問題，或育兒生產等。

本年月雖然充實，但波亂多。因此，任何事情需要努力認眞而盡自己的責任。由於如此，本宿忙碌又充滿活力。

愛情方面，容易產生障礙。別忘記應該積極去修復愛情羈絆。

金錢方面，支出費用增多，有入不敷出的傾向。但是，本年月是充實的，所以資

金調度沒有問題。

雖然健康方面並無大礙，但無法避免勞累。所以應該補強加油，或其他強化策略。也是住院等疑慮的年月。

工作方面，正值非常重要時機。本來環境是充實的，但容易產生障礙等，所以必須強化態勢或考慮對策。

【長運的場合】雖然充實，但諸事都需要作重新檢討的時代。因態勢的強化或用心建立而忙碌。

雖然是遇到風雨波亂的時代，但可以忍受而確保立場或地位等積極的時代，所以宜多多努力才行。且活力旺盛。

七宿轉節

迎接下一次局面的關鍵性年月

是人生行程的轉捩點，人生觀或生活模式多少會轉左或轉右的傾向。屬於轉換的年月，一進入本宿會發生成爲轉捩點的事件，而使想法或生活環境等慢慢轉換。本來的7數字運包含吉意，多發生慶事，但與含蓄的波亂重疊，就會造成生病或住院、工作的挫折或目的的放棄、愛情關係的收拾等的原因。

即使未特別發生這些事情，一進入本宿，在精神面或生活面發生轉捩點。本年月的這些變化，多半都會伴隨屬於宿命的影子。由於如此，你會感到自己的命運不知不覺中遇到轉捩點。

然而本「命運」正暗示著不逆波而行，而是乘波漂流。本宿能好好維持「順應」心態，在轉變後的下一次局面就會遇到新風的吹襲，也得到解放感。但反之，違背命運而衝動做事，將迎接惡化的局面，因此本宿受到其他運勢的影響，所以，必須盡量平靜地生活。由於如此，結果會帶來開運。

愛情方面，也會遇到轉捩點。最好還是順應在心中產生變化的徵兆。如果勉強違背運氣，則可能會後悔。結婚如果是三宿、五宿或一宿等的長運，就是大吉。

本宿運在金錢方面，並無法期望太多，但本宿也附帶好運，因此必要時可開拓活路而順利克服。

健康方面，也會遇到轉捩點，例如，長期間的疾病可以治癒，或新疾病的發生，或長患或重病等會產生病變的宿。

工作方面，也會遇到轉捩點，但轉換不安定，所以應該愼重。還是不違背事物而順應波浪最爲明智。

【長運的場合】 生活的路線或環境、人生觀等會轉變的轉換時代。但能量並不強勁，所以無極端的變化，而在不知不覺中方向會轉右或轉左。因此，展望有些不安定，經常使人傷腦筋。但並非像四宿時具有衰退感的時代，應該了解處於人生變節的時代而不要焦急，只要順應方向前進即可。

八宿打開

懷抱強烈緊迫與不安的殺戮年月

爲邁入九運之中最嚴厲之宿。緊張、不安、使命、野心、決意、充滿、打開、整理收拾，具有人生最重要的內容。但從年輕到中壯年期的人而言，雖然遇到難關，但因擁有「起爆」的能量，而發動全力、集中精神以達成「目的」的機會。

對於達成宿願而想去集中精神成就事業的人來說，本宿雖然伴隨嚴厲的條件，其實屬於良宿。決定勝負的關鍵，對達成宏願的人有很大作用，無論家庭問題或升學或生產等其他情形，都充滿成功與否的緊張氣氛。對於中年或老年的人想要完成某些目的而言，會產生同樣的宿意。但能量稍微小一點。

但本宿除了前面所記叙之外，並不能發揮好作用。尤其遭遇事故或生病必須動手術或陷入困境的工作等，可能發生最壞的事態。一般而言，本年月會發生必須要打開的困難問題，由於如此，容易遇到緊張感或不安現象等，好像陷入岩漿已經爆滿而必須噴火的心態一般。必須將陷入的困難或已經瀰漫的問題打開整理，才能夠得到舒暢

的年月。如果長運朝良好方向行走，則其年月便無大波折，但無論如何，都必須下定決心堅強對應。

愛情方面，一天比一天緊張，所以必須打開局面而整理才行。無論結婚或離別都包含這種意味。金錢方面，當然支出費多。至於健康方面，應該注意疾病或事故的發生。疾病惡化到必須接受手術的可能性。工作方面，面臨危機，尤其愈老愈需要注意。爲了打開、整理局面，都充滿緊張感。

【長運的場合】 有時最初一年馬上出狀況。假如第一年未出現，必須有心理準備早晚會出現。且此運能量的特徵，與火山相似，一旦噴火之後，就會停止下來，或到了下一次充滿岩漿之前，就不會出現的緊張傾向。但不可以爲如此就可以安心，所以必須留意健康或事業。

對年輕世代的人而言，可稱爲起爆劑之運，因此需要集中精神而愼重對應。

九宿渡了

終幕的變化與焦慮交錯的混沌歲月

本宿以段落、完了、完成、混沌、失意、虛脫等來表現，人生之星會移轉的九年最後的過渡期。對平安克服前宿的人而言，事情就能達成，反之，對進行整理收拾的人會帶來混沌。因此，形成焦躁、失意或虛脫感等的年月。

本宿由一個時代閉幕，因此爲舊事物與新事物重疊之宿，一般呈現雜亂無章，具有變化而伴隨焦慮的心情。以過渡期的現象而言，新居的落成或喬遷、結婚、離婚、住院、葬儀等可能會發生。

但在本宿開始的工作如未得到長運的協助，則不會長久持續下去，也無法期待發展。但有關從以前就持續推行完成的，就另當別論。10月以後，就可看見大概的情況，因而以此心態準備諸事爲要。另外，本宿受長運強烈的影響。

愛情方面，在本年月所萌芽的交際不能有好結果。結婚運如果從去年持續下來，就能得到好結果，決定終點的長運進入五宿、三宿、七宿、一宿等情形完結意味強烈

且大吉。

金錢方面，好像有變動，但其實並沒有變動。因本宿變動，一般都會附帶煞車作用。容易散財。

健康方面，必須注意事故。長患容易遇到終末性的病變，但本宿才發病的人，有短期間就治癒的傾向。

工作方面，已經快要完成的事物應該急速進行，其他則維持現狀，等待下一個新宿的來臨。

【長運的場合】 本運與年運的關係，如果將年運比喻爲食物，則長運就是盤子。除了9具有結束的意味之外，尚有空虛或混沌等的意思，形態不會具體呈現出來而難以掌握，但豐盛食物的盤子，讓人感覺各年運有終了、完了、困境、休息、焦躁等現象或狀態的印象。以宏觀來看，本時代是過渡期的時代，容易發生漠然的現象或狀態伴隨在一起的歲月。

後記

家父野中祐良，長年從事自己不喜歡的金融業，雖然知道自己眞正所喜歡的是文學或學問，但並沒有辦法往這一條路走。

我從幼小時期就看著父親姿態長大，由於如此，看到家父在四十八歲之際改行，而專心邁向占星術研究之路，我才安心的情形，至今我記憶鮮明。

本書的主題：「知道潛在性格，而順著方向生活」，正表示家父本身透過人生而煩惱痛苦，以及悲傷的「希望的路標」。家父透過生涯告訴我，人生的悲哀、幸福之路都凝縮在星宿占星術中。

我的性格中，具有想按照自己性格生活的趨向性。此趨向能得到滿足，才能幸福而接近本能的意志存在。宿命運與意志與欲求混合而成之潛在或格，正在期待現在給與你本身「寶貴生命」能無悔地生活下去。

依據「希望的路標」，亦即依照潛在性格運，家父的願望就是能使更多的人開拓本來的人生。確信本書能讓煩惱的現代人得到援助的雙手，且實現家父的願望。

野中　建三

卷末年表

你的潛在性格型·生涯運的引導方法

指數表

星數分類表

十歲層運一覽表

動間運循環基盤表

你的潛在性格型・生涯運的引導方法

1 參照指數表（159頁～161頁），找出生年與生月交叉的數目來。

你的數目是 ______

2 以所找出來的指數加上生日的數字（例如：5月11日出生者，就是11）而計算星數。如果答案是二位數時，捨去十位而留下個位數字，就是你的星數。

你的星數為 ______ **傾向**

3 星數分類表（162頁～191頁）找出以2的方法算出主星數傾向的頁數來。

4 從你的星數傾向頁數找出生月。對照出生日期所記載的，就是你的潛在性格型與生涯運。

你的潛在性格型為 ______ **型**

生涯運為 ______ **運**

指 數 表

年＼月	1月	2月	3月	4月	5月	6月	7月	8月	9月	10月	11月	12月
西元1926年	6	7	5	6	6	7	7	8	9	9	0	0
1927年	1	2	0	1	1	2	2	3	4	4	5	5
1928年	6	7	6	7	7	8	8	9	0	0	1	1
1929年	2	3	1	2	2	3	3	4	5	5	6	6
1930年	7	8	6	7	7	8	8	9	0	0	1	1
1931年	2	3	1	2	2	3	3	4	5	5	6	6
1932年	7	8	7	8	8	9	9	0	1	1	2	2
1933年	3	4	2	3	3	4	4	5	6	6	7	7
1934年	8	9	7	8	8	9	9	0	1	1	2	2
1935年	3	4	2	3	3	4	5	5	6	6	7	7
1936年	8	9	8	9	9	0	0	1	2	2	3	3
1937年	4	5	3	4	4	5	5	6	7	7	8	8
1938年	9	0	8	9	9	0	0	1	2	2	3	3
1939年	4	5	3	4	4	5	5	6	7	7	8	8
1940年	9	0	9	0	0	1	1	2	3	3	4	4
1941年	5	6	4	5	5	6	6	7	8	8	9	9
1942年	0	1	9	0	0	1	1	2	3	3	4	4
1943年	5	6	4	5	5	6	6	7	8	8	9	9
1944年	0	1	0	1	1	2	2	3	4	4	5	5
1945年	6	7	5	6	6	7	7	8	9	9	0	0
1946年	1	2	0	1	1	2	2	3	4	4	5	5
1947年	6	7	5	6	6	7	7	8	9	9	0	0
1948年	1	2	1	2	2	3	3	4	5	5	6	6
1949年	7	8	6	7	7	8	8	9	0	0	1	1
1950年	2	3	1	2	2	3	3	4	5	5	6	6

指　數　表

年＼月	1月	2月	3月	4月	5月	6月	7月	8月	9月	10月	11月	12月
西元1951年	7	8	6	7	7	8	8	9	0	0	1	1
1952年	2	3	2	3	3	4	4	5	6	6	7	7
1953年	8	9	7	8	8	9	9	0	1	1	2	2
1954年	3	4	2	3	3	4	4	5	6	6	7	7
1955年	8	9	7	8	8	9	9	0	1	1	2	2
1956年	3	4	3	4	4	5	5	6	7	7	8	8
1957年	9	0	8	9	9	0	0	1	2	2	3	3
1958年	4	5	3	4	4	5	5	6	7	7	8	8
1959年	9	0	8	9	9	0	0	1	2	2	3	3
1960年	4	5	4	5	5	6	6	7	8	8	9	9
1961年	0	1	9	0	0	1	1	2	3	3	4	4
1962年	5	6	4	5	5	6	6	7	8	8	9	9
1963年	0	1	9	0	0	1	1	2	3	3	4	4
1964年	5	6	5	6	6	7	7	8	9	9	0	0
1965年	1	2	0	1	1	2	2	3	4	4	5	5
1966年	6	7	5	6	6	7	7	8	9	9	0	0
1967年	1	2	0	1	1	2	2	3	4	4	5	5
1968年	6	7	6	7	7	8	8	9	0	0	1	1
1969年	2	3	1	2	2	3	3	4	5	5	6	6
1970年	7	8	6	7	7	8	8	9	0	0	1	1
1971年	2	3	1	2	2	3	3	4	5	5	6	6
1972年	7	8	7	8	8	9	9	0	1	1	2	2
1973年	3	4	2	3	3	4	4	5	6	6	7	7
1974年	8	9	7	8	8	9	9	0	1	1	2	2
1975年	3	4	2	3	3	4	4	5	6	6	7	7

指　數　表

年＼月	1月	2月	3月	4月	5月	6月	7月	8月	9月	10月	11月	12月
西元1976年	8	9	8	9	9	0	0	1	2	2	3	3
1977年	4	5	3	4	4	5	5	6	7	7	8	8
1978年	9	0	8	9	9	0	0	1	2	2	3	3
1979年	4	5	3	4	4	5	5	6	7	7	8	8
1980年	9	0	9	0	0	1	1	2	3	3	4	4
1981年	5	6	4	5	5	6	6	7	8	8	9	9
1982年	0	1	9	0	0	1	1	2	3	3	4	4
1983年	5	6	4	5	5	6	6	7	8	8	9	9
1984年	0	1	0	1	1	2	2	3	4	4	5	5
1985年	6	7	5	6	6	7	7	8	9	9	0	0
1986年	1	2	0	1	1	2	2	3	4	4	5	5
1987年	6	7	5	6	6	7	7	8	9	9	0	0
1988年	1	2	1	2	2	3	3	4	5	5	6	6
1989年	7	8	6	7	7	8	8	9	0	0	1	1
1990年	2	3	1	2	2	3	3	4	5	5	6	6
1991年	7	8	6	7	7	8	8	9	0	0	1	1
1992年	2	3	2	3	3	4	4	5	6	6	7	7
1993年	8	9	7	8	8	9	9	0	1	1	2	2
1994年	3	4	2	3	3	4	4	5	6	6	7	7
1995年	8	9	7	8	8	9	9	0	1	1	2	2
1996年	3	4	3	4	4	5	5	6	7	7	8	8
1997年	9	0	8	9	9	0	0	1	2	2	3	3
1998年	4	5	3	4	4	5	5	6	7	7	8	8
1999年	9	0	8	9	9	0	0	1	2	2	3	3
2000年	4	5	4	5	5	6	6	7	8	8	9	9

星數分類表　星數　1傾向的人(1月　2月　3月　4月生)

出生月份	出生年					
出生月份1月	西元1957 1961 1965 1969 1973 1977 1985 1986 1989 1990 1993 1994 1997 1998			左記以外的人		
	生日	潛在性格型	生涯運	生日	潛在性格型	生涯運
	1～4日	合理型	浪漫運	1～5日	合理型	浪漫運
	5～14日	合理型	獨立運	6～15日	合理型	獨立運
	15～17日	自律型	獨立運	16～18日	自律型	獨立運
	18～31日	樸實型	獨立運	19～31日	樸實型	獨立運

出生月份	出生年					
出生月份2月	西元1927 1928 1931 1932 1935 1936 1939 1940 1943 1944 1947 1948 1951 1952 1956 1960 1964 1968 1972 1976 1980			左記以外的人		
	生日	潛在性格型	生涯運	生日	潛在性格型	生涯運
	1～4日	樸實型	獨立運	1～3日	樸實型	獨立運
	5～12日	包容型	堅實運	4～11日	包容型	堅實運
	13～19日	自然型	堅實運	12～18日	自然型	堅實運
	20～末日	單獨型	堅實運	19～末日	單獨型	堅實運

出生月份	出生年					
出生月份3月	西元1956 1960 1964 1968 1972 1976 1980 1985 1988 1989 1992 1993 1996 1997 2000			左記以外的人		
	生日	潛在性格型	生涯運	生日	潛在性格型	生涯運
	1～4日	單獨型	堅實運	1～5日	單獨型	堅實運
	5～15日	單獨型、協調型	不動運	6～16日	單獨型、協調型	不動運
	16～31日	協調型	不動運	17～31日	協調型	不動運

出生月份	出生年				
出生月份4月	西元1927 1931 1935 1939 1943 1947	西元1980 1984 1988 1992 1996 2000	左記以外的人		
	生日	生日	生日	潛在性格型	生涯運
	1～5日	1～3日	1～4日	協調型	不動運
	6～15日	4～13日	5～14日	協調型	自制運
	16～18日	14～16日	15～17日	合理型	自制運
	19～30日	17～30日	18～30日	包容型	自制運

星數分類表　星數　1傾向的人（5月　6月　7月　8月生）

出生月份5月

出生年			出生年		
西元1948 1952 1956 1960 1964 1968 1972 1976 1977 1980 1981 1984 1985 1988 1989 1992 1993 1996 1997 2000			左記以外的人		
生　日	潛在性格型	生涯運	生　日	潛在性格型	生涯運
1～4日	包容型	自制運	1～5日	包容型	自制運
5～10日	包容型	想望運	6～11日	包容型	想望運
11～19日	耿直型	想望運	12～20日	耿直型	想望運
20～31日	自然型	想望運	21～31日	自然型	想望運

出生月份6月

出生年				
西元1927 1931 1935	西元1972 1976 1980 1984 1988 1992 1996 1997 2000	左記以外的人		
生　日	生　日	生　日	潛在性格型	生涯運
1～6日	1～4日	1～5日	自然型	想望運
7～17日	5～15日	6～16日	自然型、樸實型	自由運
18～26日	16～24日	17～25日	樸實型	自由運
27～30日	25～30日	26～30日	完美型	自由運

出生月份7月

出生年					
西元1926 1927 1929 1930 1931 1934 1935 1938 1939 1942 1943 1946 1947 1950 1951 1954 1955 1958 1959 1963 1967 1971 1975 1979 1983 1987			左記以外的人		
生　日	潛在性格型	生涯運	生　日	潛在性格型	生涯運
1～7日	完美型	自由運	1～6日	完美型	自由運
8～17日	完美型	固定運	7～16日	完美型	固定運
18～20日	協調型	固定運	17～19日	協調型	固定運
21～31日	樸實型	固定運	20～31日	樸實型	固定運

出生月份8月

出生年					
西元1952 1956 1960 1964 1968 1972 1976 1980 1981 1984 1985 1988 1989 1992 1993 1996 1997 2000			左記以外的人		
生　日	潛在性格型	生涯運	生　日	潛在性格型	生涯運
1～6日	樸實型	固定運	1～7日	樸實型	固定運
7～17日	包容型	流水運	8～18日	包容型	流水運
18～20日	理想型	流水運	19～21日	理想型	流水運
21～31日	耿直型	流水運	22～31日	耿直型	流水運

星數分類表　星數　1傾向的人(9月 10月 11月 12月生)

出生月份9月

出生年	西元1927 1931 1935	西元1964 1968 1972 1976 1980 1984 1988 1992 1996 1997 2000	左記以外的人		
	生日	生日	生日	潛在性格型	生涯運
	1～8日	1～6日	1～7日	耿直型	流水運
	9～19日	7～17日	8～18日	耿直型、自律型	受轉運
	20～30日	18～30日	19～30日	自律型	受轉運

出生月份10月

出生年	西元1928 1932 1936 1940 1944 1948 1952 1953 1956 1957 1960 1961 1964 1965 1968 1969 1972 1973 1976 1977 1980 1981 1982 1984 1985 1986 1988 1989 1992 1993 1994 1996 1997 1998 2000			左記以外的人		
	生日	潛在性格型	生涯運	生日	潛在性格型	生涯運
	1～7日	自律型	受轉運	1～8日	自律型	受轉運
	8～17日	自律型	親和運	9～18日	自律型	親和運
	18～20日	完美型	親和運	19～21日	完美型	親和運
	21～30日	包容型	親和運	22～31日	包容型	親和運

出生月份11月

出生年	西元1936 1940 1944 1948 1952 1956 1960 1964 1968 1969 1972 1973 1976 1977 1980 1981 1984 1985 1988 1989 1992 1993 1996 1997 1998 2000			左記以外的人		
	生日	潛在性格型	生涯運	生日	潛在性格型	生涯運
	1～6日	包容型	親和運	1～7日	包容型	親和運
	7～14日	包容型、單獨型	正順運	8～15日	包容型、單獨型	固定運
	15～19日	單獨型	正順運	16～20日	單獨型	正順運
	20～30日	理想型	正順運	21～30日	理想型	正順運

出生月份12月

出生年	西元1926 1927 1930 1931 1934 1935 1938 1939 1942 1943 1946 1947 1950 1951 1954 1955 1959 1963 1967 1971 1975 1979 1987 1991			左記以外的人		
	生日	潛在性格型	生涯運	生日	潛在性格型	生涯運
	1～7日	理想型	正順運	1～6日	理想型	正順運
	8～18日	理想型、合理型	浪漫運	7～17日	理想型、合理型	浪漫運
	19～31日	合理型	浪漫運	18～31日	合理型	浪漫運

星數分類表　星數　2傾向的人（1月　2月　3月　4月生）

出生月份1月

出生年	西元1957 1961 1965 1969 1973 1977 1985 1986 1989 1990 1993 1994 1997 1998			左記以外的人		
	生　日	潛在性格型	生涯運	生　日	潛在性格型	生涯運
	1～4日	理想型	想望運	1～5日	理想型	想望運
	5～14日	理想型	自制運	6～15日	理想型	自制運
	15～17日	耿直型	自制運	16～18日	耿直型	自制運
	18～31日	包容型	自制運	19～31日	包容型	自制運

出生月份2月

出生年	西元1927 1928 1931 1932 1935 1936 1939 1940 1943 1944 1947 1948 1951 1952 1956 1960 1964 1968 1972 1976 1980			左記以外的人		
	生　日	潛在性格型	生涯運	生　日	潛在性格型	生涯運
	1～4日	包容型	自制運	1～3日	包容型	自制運
	5～12日	樸實型	不動運	4～11日	樸實型	不動運
	13～19日	完美型	不動運	12～18日	完美型	不動運
	20～末日	協調型	不動運	19～末日	協調型	不動運

出生月份3月

出生年	西元1956 1960 1964 1968 1972 1976 1980 1985 1988 1989 1992 1993 1996 1997 2000			左記以外的人		
	生　日	潛在性格型	生涯運	生　日	潛在性格型	生涯運
	1～4日	協調型	不動運	1～5日	協調型	不動運
	5～15日	協調型、單獨型	堅實運	6～16日	協調型、單獨型	堅實運
	16～31日	單獨型	堅實運	17～31日	單獨型	堅實運

出生月份4月

出生年	西元1927 1931 1935 1939 1943 1947	西元1980 1984 1988 1992 1996 2000	左記以外的人		
	生　日	生　日	生　日	潛在性格型	生涯運
	1～5日	1～3日	1～4日	單獨型	堅實運
	6～15日	4～13日	5～14日	單獨型	獨立運
	16～18日	14～16日	15～17日	理想型	獨立運
	19～30日	17～30日	18～30日	樸實型	獨立運

星數分類表　星數　2傾向的人（5月　6月　7月　8月生）

出生月份5月

出生年					
西元1948 1952 1956 1960 1964 1968 1972 1976 1977 1980 1981 1984 1985 1988 1989 1992 1993 1996 1997 2000			左記以外的人		
生日	潛在性格型	生涯運	生日	潛在性格型	生涯運
1～4日	樸實型	獨立運	1～5日	樸實型	獨立運
5～10日	樸實型	浪漫運	6～11日	樸實型	浪漫運
11～19日	自律型	浪漫運	12～20日	自律型	浪漫運
20～31日	完美型	浪漫運	21～31日	完美型	浪漫運

出生月份6月

出生年				
西元1927 1931 1935	西元1972 1976 1980 1984 1988 1992 1996 1997 2000	左記以外的人		
生日	生日	生日	潛在性格型	生涯運
1～6日	1～4日	1～5日	完美型	浪漫運
7～17日	5～15日	6～16日	完美型、包容型	正順運
18～26日	16～24日	17～25日	包容型	正順運
27～30日	25～30日	26～30日	自然型	正順運

出生月份7月

出生年					
西元1926 1927 1929 1930 1931 1934 1935 1938 1939 1942 1943 1946 1947 1950 1951 1954 1955 1958 1959 1963 1967 1971 1975 1979 1983 1987			左記以外的人		
生日	潛在性格型	生涯運	生日	潛在性格型	生涯運
1～7日	自然型	正順運	1～6日	自然型	正順運
8～17日	自然型	親和運	7～16日	自然型	親和運
18～20日	單獨型	親和運	17～19日	單獨型	親和運
21～31日	包容型	親和運	20～31日	包容型	親和運

出生月份8月

出生年					
西元1952 1956 1960 1964 1968 1972 1976 1980 1981 1984 1985 1988 1989 1992 1993 1996 1997 2000			左記以外的人		
生日	潛在性格型	生涯運	生日	潛在性格型	生涯運
1～6日	包容型	親和運	1～7日	包容型	親和運
7～17日	樸實型	受轉運	8～18日	樸實型	受轉運
18～20日	合理型	受轉運	19～21日	合理型	受轉運
21～31日	自律型	受轉運	22～31日	自律型	受轉運

星數分類表　星數　2 傾向的人（9月 10月 11月 12月生）

出生月份	出生年				
出生月份9月	西元1927 1931 1935	西元1964 1968 1972 1976 1980 1984 1988 1992 1996 2000	左記以外的人		
	生　日	生　日	生　日	潛在性格型	生涯運
	1～8日	1～6日	1～7日	自律型	受轉運
	9～19日	7～17日	8～18日	自律型、耿直型	流水運
	20～30日	18～30日	19～30日	耿直型	流水運

出生月份	出生年					
出生月份10月	西元1928 1932 1936 1940 1944 1948 1952 1953 1956 1957 1960 1961 1964 1965 1968 1969 1972 1973 1976 1977 1980 1981 1982 1984 1985 1986 1988 1989 1992 1993 1994 1996 1997 1998 2000			左記以外的人		
	生　日	潛在性格型	生涯運	生　日	潛在性格型	生涯運
	1～7日	耿直型	流水運	1～8日	耿直型	流水運
	8～17日	耿直型	固定運	9～18日	耿直型	固定運
	18～20日	自然型	固定運	19～21日	自然型	固定運
	21～30日	樸實型	固定運	22～31日	樸實型	固定運

出生月份	出生年					
出生月份11月	西元1936 1940 1944 1948 1952 1956 1960 1964 1968 1969 1972 1973 1976 1977 1980 1981 1984 1985 1988 1989 1992 1993 1996 1997 1998 2000			左記以外的人		
	生　日	潛在性格型	生涯運	生　日	潛在性格型	生涯運
	1～6日	樸實型	固定運	1～7日	樸實型	固定運
	7～14日	樸實型、協調型	自由運	8～15日	樸實型、協調型	自由運
	15～19日	協調型	自由運	16～20日	協調型	自由運
	20～30日	合理型	自由運	21～30日	合理型	自由運

出生月份	出生年					
出生月份12月	西元1926 1927 1930 1931 1934 1935 1938 1939 1942 1943 1946 1947 1950 1951 1954 1955 1959 1963 1967 1971 1975 1979 1987 1991			左記以外的人		
	生　日	潛在性格型	生涯運	生　日	潛在性格型	生涯運
	1～7日	合理型	自由運	1～6日	合理型	自由運
	8～18日	合理型、理想型	想望運	7～17日	合理型、理想型	想望運
	19～31日	理想型	想望運	18～31日	理想型	想望運

星數分類表　星數　3傾向的人（1月　2月　3月　4月生）

出生月份 1月

出生年			出生年		
西元1957 1961 1965 1969 1973 1977 1985 1986 1989 1990 1993 1994 1997 1998			左記以外的人		
生　日	潛在性格型	生涯運	生　日	潛在性格型	生涯運
1～4日	自律型	受轉運	1～5日	自律型	受轉運
5～14日	自律型	親和運	6～15日	自律型	親和運
15～17日	樸實型	親和運	16～18日	樸實型	親和運
18～31日	完美型	親和運	19～31日	完美型	親和運

出生月份 2月

出生年			出生年		
西元1927 1928 1931 1932 1935 1936 1939 1940 1943 1944 1947 1948 1951 1952 1956 1960 1964 1968 1972 1976 1980			左記以外的人		
生　日	潛在性格型	生涯運	生　日	潛在性格型	生涯運
1～4日	完美型	親和運	1～3日	完美型	親和運
5～12日	自然型	正順運	4～11日	自然型	正順運
13～19日	單獨型	正順運	12～18日	單獨型	正順運
20～末日	理想型	正順運	19～末日	理想型	正順運

出生月份 3月

出生年			出生年		
西元1956 1960 1964 1968 1972 1976 1980 1985 1988 1989 1992 1993 1996 1997 2000			左記以外的人		
生　日	潛在性格型	生涯運	生　日	潛在性格型	生涯運
1～4日	理想型	正順運	1～5日	理想型	正順運
5～15日	理想型、合理型	浪漫運	6～16日	理想型、合理型	浪漫運
16～31日	合理型	浪漫運	17～31日	合理型	浪漫運

出生月份 4月

出生年	出生年	出生年		
西元1927 1931 1935 1939 1943 1947	西元1980 1984 1988 1992 1996 2000	左記以外的人		
生　日	生　日	生　日	潛在性格型	生涯運
1～5日	1～3日	1～4日	合理型	浪漫運
6～15日	4～13日	5～14日	合理型	獨立運
16～18日	14～16日	15～17日	自律型	獨立運
19～30日	17～30日	18～30日	自然型	獨立運

星數分類表　星數　3傾向的人（5月　6月　7月　8月生）

出生月份 5月

出生年					
西元1948 1952 1956 1960 1964 1968 1972 1976 1977 1980 1981 1984 1985 1988 1989 1992 1993 1996 1997 2000			左記以外的人		
生　日	潛在性格型	生涯運	生　日	潛在性格型	生涯運
1～4日	自然型	獨立運	1～5日	自然型	獨立運
5～10日	自然型	堅實運	6～11日	自然型	堅實運
11～19日	包容型	堅實運	12～20日	包容型	堅實運
20～31日	單獨型	堅實運	21～31日	單獨型	堅實運

出生月份 6月

出生年				
西元1927 1931 1935	西元1972 1976 1980 1984 1988 1992 1996 1997 2000	左記以外的人		
生　日	生　日	生　日	潛在性格型	生涯運
1～6日	1～4日	1～5日	單獨型	堅實運
7～17日	5～15日	6～16日	單獨型、完美型	不動運
18～26日	16～24日	17～25日	完美型	不動運
27～30日	25～30日	26～30日	協調型	不動運

出生月份 7月

出生年					
西元1926 1927 1929 1930 1931 1934 1935 1938 1939 1942 1943 1946 1947 1950 1951 1954 1955 1958 1959 1963 1967 1971 1975 1979 1983 1987			左記以外的人		
生　日	潛在性格型	生涯運	生　日	潛在性格型	生涯運
1～7日	協調型	不動運	1～6日	協調型	不動運
8～17日	協調型	自制運	7～16日	協調型	自制運
18～20日	合理型	自制運	17～19日	合理型	自制運
21～31日	完美型	自制運	20～31日	完美型	自制運

出生月份 8月

出生年					
西元1952 1956 1960 1964 1968 1972 1976 1980 1981 1984 1985 1988 1989 1992 1993 1996 1997 2000			左記以外的人		
生　日	潛在性格型	生涯運	生　日	潛在性格型	生涯運
1～6日	完美型	自制運	1～7日	完美型	自制運
7～17日	自然型	想望運	8～18日	自然型	想望運
18～20日	耿直型	想望運	19～21日	耿直型	想望運
21～31日	包容型	想望運	22～31日	包容型	想望運

星數分類表　星數　3傾向的人（9月 10月 11月 12月生）

出生月份	出生年				
9月	西元1927 1931 1935	西元1964 1968 1972 1976 1980 1984 1988 1992 1996 1997 2000	左記以外的人		
	生日	生日	生日	潛在性格型	生涯運
	1～8日	1～6日	1～7日	包容型	想望運
	9～19日	7～17日	8～18日	包容型、樸實型	自由運
	20～30日	18～30日	19～30日	樸實型	自由運

出生月份	出生年					
10月	西元1928 1932 1936 1940 1944 1948 1952 1953 1956 1957 1960 1961 1964 1965 1968 1969 1972 1973 1976 1977 1980 1981 1982 1984 1985 1986 1988 1989 1992 1993 1994 1996 1997 1998 2000			左記以外的人		
	生日	潛在性格型	生涯運	生日	潛在性格型	生涯運
	1～7日	樸實型	自由運	1～8日	樸實型	自由運
	8～17日	樸實型	固定運	9～18日	樸實型	固定運
	18～20日	協調型	固定運	19～21日	協調型	固定運
	21～31日	自然型	固定運	22～31日	自然型	固定運

出生月份	出生年					
11月	西元1936 1940 1944 1948 1952 1956 1960 1964 1968 1969 1972 1973 1976 1977 1980 1981 1984 1985 1988 1989 1992 1993 1996 1997 1998 2000			左記以外的人		
	生日	潛在性格型	生涯運	生日	潛在性格型	生涯運
	1～6日	自然型	固定運	1～7日	自然型	固定運
	7～14日	自然型、理想型	流水運	8～15日	自然型、理想型	流水運
	15～19日	理想型	流水運	16～20日	理想型	流水運
	20～30日	耿直型	流水運	21～30日	耿直型	流水運

出生月份	出生年					
12月	西元1926 1927 1930 1931 1934 1935 1938 1939 1942 1943 1946 1947 1950 1951 1954 1955 1959 1963 1967 1971 1975 1979 1987 1991			左記以外的人		
	生日	潛在性格型	生涯運	生日	潛在性格型	生涯運
	1～7日	耿直型	流水運	1～6日	耿直型	流水運
	8～18日	耿直型、自律型	受轉運	7～17日	耿直型、自律型	受轉運
	19～31日	自律型	受轉運	18～31日	自律型	受轉運

星數分類表　星數　4傾向的人（1月　2月　3月　4月生）

出生月份1月

出生年			出生年		
西元1957 1961 1965 1969 1973 1977 1985 1986 1989 1990 1993 1994 1997 1998			左記以外的人		
生日	潛在性格型	生涯運	生日	潛在性格型	生涯運
1～4日	耿直型	流水運	1～5日	耿直型	流水運
5～14日	耿直型	固定運	6～15日	耿直型	固定運
15～17日	包容型	固定運	16～18日	包容型	固定運
18～31日	自然型	固定運	19～31日	自然型	固定運

出生月份2月

出生年			出生年		
西元1927 1928 1931 1932 1935 1936 1939 1940 1943 1944 1947 1948 1951 1952 1956 1960 1964 1968 1972 1976 1980			左記以外的人		
生日	潛在性格型	生涯運	生日	潛在性格型	生涯運
1～4日	自然型	固定運	1～3日	自然型	固定運
5～12日	完美型	自由運	4～11日	完美型	自由運
13～19日	協調型	自由運	12～18日	協調型	自由運
20～末日	合理型	自由運	19～末日	合理型	自由運

出生月份3月

出生年			出生年		
西元1956 1960 1964 1968 1972 1976 1980 1985 1988 1989 1992 1993 1996 1997 2000			左記以外的人		
生日	潛在性格型	生涯運	生日	潛在性格型	生涯運
1～4日	合理型	自由運	1～5日	合理型	自由運
5～15日	合理型、理想型	想望運	6～16日	合理型、理想型	想望運
16～31日	理想型	想望運	17～31日	理想型	想望運

出生月份4月

出生年	出生年	出生年		
西元1927 1931 1935 1939 1943 1947	西元1980 1984 1988 1992 1996 2000	左記以外的人		
生日	生日	生日	潛在性格型	生涯運
1～5日	1～3日	1～4日	理想型	相望運
6～15日	4～13日	5～14日	理想型	自制運
16～18日	14～16日	15～17日	耿直型	自制運
19～30日	17～30日	18～30日	完美型	自制運

星數分類表　星數　4傾向的人(5月　6月　7月　8月生)

出生月份5月

出生年					
西元1948 1952 1956 1960 1964 1968 1972 1976 1977 1980 1981 1984 1985 1988 1989 1992 1993 1996 1997 2000			左記以外的人		
生　日	潛在性格型	生涯運	生　日	潛在性格型	生涯運
1～4日	完美型	自制運	1～5日	完美型	自制運
5～10日	完美型	不動運	6～11日	完美型	不動運
11～19日	樸實型	不動運	12～20日	樸實型	不動運
20～31日	協調型	不動運	21～31日	協調型	不動運

出生月份6月

出生年				
西元1927 1931 1935	西元1972 1976 1980 1984 1988 1992 1996 1997 2000	左記以外的人		
生　日	生　日	生　日	潛在性格型	生涯運
1～6日	1～4日	1～5日	協調型	不動運
7～17日	5～15日	6～16日	協調型、自然型	堅實運
18～26日	16～24日	17～25日	自然型	堅實運
27～30日	25～30日	26～30日	單獨型	堅實運

出生月份7月

出生年					
西元1926 1927 1929 1930 1931 1934 1935 1938 1939 1942 1943 1946 1947 1950 1951 1954 1955 1958 1959 1963 1967 1971 1975 1979 1983 1987			左記以外的人		
生　日	潛在性格型	生涯運	生　日	潛在性格型	生涯運
1～7日	單獨型	堅實運	1～6日	單獨型	堅實運
8～17日	單獨型	獨立運	7～16日	單獨型	獨立運
18～20日	理想型	獨立運	17～19日	理想型	獨立運
21～31日	自然型	獨立運	20～31日	自然型	獨立運

出生月份8月

出生年					
西元1952 1956 1960 1964 1968 1972 1976 1980 1981 1984 1985 1988 1989 1992 1993 1996 1997 2000			左記以外的人		
生　日	潛在性格型	生涯運	生　日	潛在性格型	生涯運
1～6日	自然型	獨立運	1～7日	自然型	獨立運
7～17日	完美型	浪漫運	8～18日	完美型	浪漫運
18～20日	自律型	浪漫運	19～21日	自律型	浪漫運
21～31日	樸實型	浪漫運	22～31日	樸實型	浪漫運

星數分類表　星數　4 傾向的人（9月　10月　11月　12月生）

出生月份	出生年				
9月	西元1927 1931 1935	西元1964 1968 1972 1976 1980 1984 1988 1992 1996 1997 2000	左記以外的人		
	生日	生日	生日	潛在性格型	生涯運
	1～8日	1～6日	1～7日	樸實型	浪漫運
	9～19日	7～17日	8～18日	樸實型、包容型	正順運
	20～30日	18～30日	19～30日	包容型	正順運

出生月份	出生年					
10月	西元1928 1932 1936 1940 1944 1948 1952 1953 1956 1957 1960 1961 1964 1965 1968 1969 1972 1973 1976 1977 1980 1981 1982 1984 1985 1986 1988 1989 1992 1993 1994 1996 1997 1998 2000			左記以外的人		
	生日	潛在性格型	生涯運	生日	潛在性格型	生涯運
	1～7日	包容型	正順運	1～8日	包容型	正順運
	8～17日	包容型	親和運	9～18日	包容型	親和運
	18～20日	單獨型	親和運	19～21日	單獨型	親和運
	21～31日	完美型	親和運	22～31日	完美型	親和運

出生月份	出生年					
11月	西元1936 1940 1944 1948 1952 1956 1960 1964 1968 1969 1972 1973 1976 1977 1980 1981 1984 1985 1988 1989 1992 1993 1996 1997 1998 2000			左記以外的人		
	生日	潛在性格型	生涯運	生日	潛在性格型	生涯運
	1～6日	完美型	親和運	1～7日	完美型	親和運
	7～14日	完美型、合理型	受轉運	8～15日	完美型、合理型	受轉運
	15～19日	合理型	受轉運	16～20日	合理型	受轉運
	20～30日	自律型	受轉運	21～30日	自律型	受轉運

出生月份	出生年					
12月	西元1926 1927 1930 1931 1934 1935 1938 1939 1942 1943 1946 1947 1950 1951 1954 1955 1959 1963 1967 1971 1975 1979 1987 1991			左記以外的人		
	生日	潛在性格型	生涯運	生日	潛在性格型	生涯運
	1～7日	自律型	受轉運	1～6日	自律型	受轉運
	8～18日	自律型、耿直型	流水運	7～17日	自律型、耿直型	流水運
	19～31日	耿直型	流水運	18～31日	耿直型	流水運

星數分類表　星數　5傾向的人（1月　2月　3月　4月生）

出生月份 1月

出生年					
西元1957 1961 1965 1969 1973 1977 1985 1986 1989 1990 1993 1994 1997 1998			左記以外的人		
生　日	潛在性格型	生涯運	生　日	潛在性格型	生涯運
1～4日	樸實型	受轉運	1～5日	樸實型	受轉運
5～14日	樸實型	親和運	6～15日	樸實型	親和運
15～17日	完美型	親和運	16～18日	完美型	親和運
18～31日	協調型	親和運	19～31日	協調型	親和運

出生月份 2月

出生年					
西元1927 1928 1931 1932 1935 1936 1939 1940 1943 1944 1947 1948 1951 1952 1956 1960 1964 1968 1972 1976 1980			左記以外的人		
生　日	潛在性格型	生涯運	生　日	潛在性格型	生涯運
1～4日	協調型	親和運	1～3日	協調型	親和運
5～12日	單獨型	正順運	4～11日	單獨型	正順運
13～19日	理想型	正順運	12～18日	理想型	正順運
20～末日	耿直型	正順運	19～末日	耿直型	正順運

出生月份 3月

出生年					
西元1956 1960 1964 1968 1972 1976 1980 1985 1988 1989 1992 1993 1996 1997 2000			左記以外的人		
生　日	潛在性格型	生涯運	生　日	潛在性格型	生涯運
1～4日	耿直型	正順運	1～5日	耿直型	正順運
5～15日	耿直型、自律型	浪漫運	6～16日	耿直型、自律型	浪漫運
16～31日	自律型	浪漫運	17～31日	自律型	浪漫運

出生月份 4月

出生年				
西元1927 1931 1935 1939 1943 1947	西元1980 1984 1988 1992 1996 2000	左記以外的人		
生　日	生　日	生　日	潛在性格型	生涯運
1～5日	1～3日	1～4日	自律型	浪漫運
6～15日	4～13日	5～14日	自律型	獨立運
16～18日	14～16日	15～17日	樸實型	獨立運
19～30日	17～30日	18～30日	單獨型	獨立運

星數分類表　星數　5傾向的人（5月　6月　7月　8月生）

<table>
<tr><td rowspan="7">出生月份5月</td><td colspan="6">出　生　年</td></tr>
<tr><td colspan="3">西元1948 1952 1956 1960 1964
1968 1972 1976 1977 1980
1981 1984 1985 1988 1989
1992 1993 1996 1997 2000</td><td colspan="3">左記以外的人</td></tr>
<tr><td>生　日</td><td>潛在性格型</td><td>生涯運</td><td>生　日</td><td>潛在性格型</td><td>生涯運</td></tr>
<tr><td>1～4日</td><td>單獨型</td><td>獨立運</td><td>1～5日</td><td>單獨型</td><td>獨立運</td></tr>
<tr><td>5～10日</td><td>單獨型</td><td>堅實運</td><td>6～11日</td><td>單獨型</td><td>堅實運</td></tr>
<tr><td>11～19日</td><td>自然型</td><td>堅實運</td><td>12～20日</td><td>自然型</td><td>堅實運</td></tr>
<tr><td>20～31日</td><td>理想型</td><td>堅實運</td><td>21～31日</td><td>理想型</td><td>堅實運</td></tr>
<tr><td rowspan="7">出生月份6月</td><td colspan="5">出　生　年</td></tr>
<tr><td>西元1927 1931
1935</td><td>西元1972 1976
1980 1984
1988 1992
1996 1997
2000</td><td colspan="3">左記以外的人</td></tr>
<tr><td>生　日</td><td>生　日</td><td>生　日</td><td>潛在性格型</td><td>生涯運</td></tr>
<tr><td>1～6日</td><td>1～4日</td><td>1～5日</td><td>理想型</td><td>堅實運</td></tr>
<tr><td>7～17日</td><td>5～15日</td><td>6～16日</td><td>理想型、協調型</td><td>不動運</td></tr>
<tr><td>18～26日</td><td>16～24日</td><td>17～25日</td><td>協調型</td><td>不動運</td></tr>
<tr><td>27～30日</td><td>25～30日</td><td>26～30日</td><td>合理型</td><td>不動運</td></tr>
<tr><td rowspan="7">出生月份7月</td><td colspan="6">出　生　年</td></tr>
<tr><td colspan="3">西元1926 1927 1929 1930 1931 1934 1935
1938 1939 1942 1943 1946 1947 1950
1951 1954 1955 1958 1959 1963 1967
1971 1975 1979 1983 1987</td><td colspan="3">左記以外的人</td></tr>
<tr><td>生　日</td><td>潛在性格型</td><td>生涯運</td><td>生　日</td><td>潛在性格型</td><td>生涯運</td></tr>
<tr><td>1～7日</td><td>合理型</td><td>不動運</td><td>1～6日</td><td>合理制</td><td>不動運</td></tr>
<tr><td>8～17日</td><td>合理型</td><td>自制運</td><td>7～16日</td><td>合理制</td><td>自制運</td></tr>
<tr><td>18～20日</td><td>自律型</td><td>自制運</td><td>17～19日</td><td>自律制</td><td>自制運</td></tr>
<tr><td>21～31日</td><td>協調型</td><td>自制運</td><td>20～31日</td><td>協調制</td><td>自制運</td></tr>
<tr><td rowspan="7">出生月份8月</td><td colspan="6">出　生　年</td></tr>
<tr><td colspan="3">西元1952 1956 1960 1964 1968 1972
1976 1980 1981 1984 1985 1988
1989 1992 1993 1996 1997 2000</td><td colspan="3">左記以外的人</td></tr>
<tr><td>生　日</td><td>潛在性格型</td><td>生涯運</td><td>生　日</td><td>潛在性格型</td><td>生涯運</td></tr>
<tr><td>1～6日</td><td>協調型</td><td>自制運</td><td>1～7日</td><td>協調型</td><td>自制運</td></tr>
<tr><td>7～17日</td><td>單獨型</td><td>想望運</td><td>8～18日</td><td>單獨型</td><td>想望運</td></tr>
<tr><td>18～20日</td><td>包容型</td><td>想望運</td><td>19～21日</td><td>包容型</td><td>想望運</td></tr>
<tr><td>21～31日</td><td>自律型</td><td>想望運</td><td>22～31日</td><td>自然型</td><td>想望運</td></tr>
</table>

星數分類表　星數　5傾向的人（9月 10月 11月 12月生）

出生月份 9月

出生年	西元1927 1931 1935	西元1964 1968 1972 1976 1980 1984 1988 1992 1996 1997 2000	左記以外的人		
	生日	生日	生日	潛在性格型	生涯運
	1～8日	1～6日	1～7日	自然型	想望運
	9～19日	7～17日	8～18日	自然型、完美型	自由運
	20～30日	18～30日	19～30日	完美型	自由運

出生月份 10月

出生年	西元1928 1932 1936 1940 1944 1948 1952 1953 1956 1957 1960 1961 1964 1965 1968 1969 1972 1973 1976 1977 1980 1981 1982 1984 1985 1986 1988 1989 1992 1993 1994 1996 1997 1998 2000			左記以外的人		
生日	潛在性格型	生涯運	生日	潛在性格型	生涯運	
1～7日	完美型	自由運	1～8日	完美型	自由運	
8～17日	完美型	固定運	9～18日	完美型	固定運	
18～20日	合理型	固定運	19～21日	合理型	固定運	
21～31日	單獨型	固定運	22～31日	單獨型	固定運	

出生月份 11月

出生年	西元1936 1940 1944 1948 1952 1956 1960 1964 1968 1969 1972 1973 1976 1977 1980 1981 1984 1985 1988 1989 1992 1993 1996 1997 1998 2000		左記以外的人		
生日	潛在性格型	生涯運	生日	潛在性格型	生涯運
1～6日	單獨型	固定運	1～7日	單獨型	固定運
7～14日	單獨型、耿直型	流水運	8～15日	單獨型、耿直型	流水運
15～19日	耿直型	流水運	16～20日	耿直型	流水運
20～30日	包容型	流水運	21～30日	包容型	流水運

出生月份 12月

出生年	西元1926 1927 1930 1931 1934 1935 1938 1939 1942 1943 1946 1947 1950 1951 1954 1955 1959 1963 1967 1971 1975 1979 1987 1991		左記以外的人		
生日	潛在性格型	生涯運	生日	潛在性格型	生涯運
1～7日	包容型	流水運	1～6日	包容型	流水運
8～18日	包容型、樸實型	受轉運	7～17日	包容型、樸實型	受轉運
19～31日	樸實型	受轉運	18～31日	樸實型	受轉運

星數分類表　星數　6傾向的人（1月　2月　3月　4月生）

出生月份1月

出生年			出生年		
西元1957 1961 1965 1969 1973 1977 1985 1986 1989 1990 1993 1994 1997 1998			左記以外的人		
生　日	潛在性格型	生涯運	生　日	潛在性格型	生涯運
1～4日	包容型	流水運	1～5日	包容型	流水運
5～14日	包容型	固定運	6～15日	包容型	固定運
15～17日	自然型	固定運	16～18日	自然型	固定運
18～31日	單獨型	固定運	19～31日	單獨型	固定運

出生月份2月

出生年			出生年		
西元1927 1928 1931 1932 1935 1936 1939 1940 1943 1944 1947 1948 1951 1952 1956 1960 1964 1968 1972 1976 1980			左記以外的人		
生　日	潛在性格型	生涯運	生　日	潛在性格型	生涯運
1～4日	單獨型	固定運	1～3日	單獨型	固定運
5～12日	協調型	自由運	4～11日	協調型	自由運
13～19日	合理型	自由運	12～18日	合理型	自由運
20～末日	自律型	自由運	19～末日	自律型	自由運

出生月份3月

出生年			出生年		
西元1956 1960 1964 1968 1972 1976 1980 1985 1988 1989 1992 1993 1996 1997 2000			左記以外的人		
生　日	潛在性格型	生涯運	生　日	潛在性格型	生涯運
1～4日	自律型	自由運	1～5日	自律型	自由運
5～15日	自律型、耿直型	想望運	6～16日	自律型、耿直型	想望運
16～31日	直情型	想望運	17～31日	耿直型	想望運

出生月份4月

出生年	出生年	出生年		
西元1927 1931 1935 1939 1943 1947	西元1980 1984 1988 1992 1996 2000	左記以外的人		
生　日	生　日	生　日	潛在性格型	生涯運
1～5日	1～3日	1～4日	耿直型	想望運
6～15日	4～13日	5～14日	耿直型	自制運
16～18日	14～16日	15～17日	包容型	自制運
19～30日	17～30日	18～30日	協調型	自制運

星數分類表　星數　6傾向的人（5月　6月　7月　8月生）

出生月份5月

出生年					
西元1948 1952 1956 1960 1964 1968 1972 1976 1977 1980 1981 1984 1985 1988 1989 1992 1993 1996 1997 2000			左記以外的人		
生日	**潛在性格型**	**生涯運**	**生日**	**潛在性格型**	**生涯運**
1～4日	協調型	自制運	1～5日	協調型	自制運
5～10日	協調型	不動運	6～11日	協調型	不動運
11～19日	完美型	不動運	12～20日	完美型	不動運
20～31日	合理型	不動運	21～31日	合理型	不動運

出生月份6月

出生年				
西元1927 1931 1935	西元1972 1976 1980 1984 1988 1992 1996 1997 2000	左記以外的人		
生日	**生日**	**生日**	**潛在性格型**	**生涯運**
1～6日	1～4日	1～5日	合理型	不動運
7～17日	5～15日	6～16日	合理型、單獨型	堅實運
18～26日	16～24日	17～25日	單獨型	堅實運
27～30日	25～30日	26～30日	理想型	堅實運

出生月份7月

出生年					
西元1926 1927 1929 1930 1931 1934 1935 1938 1939 1942 1943 1946 1947 1950 1951 1954 1955 1958 1959 1963 1967 1971 1975 1979 1983 1987			左記以外的人		
生日	**潛在性格型**	**生涯運**	**生日**	**潛在性格型**	**生涯運**
1～7日	理想型	堅實運	1～6日	理想型	堅實運
8～17日	理想型	獨立運	7～16日	理想型	獨立運
18～20日	耿直型	獨立運	17～19日	耿直型	獨立運
21～31日	單獨型	獨立運	20～31日	單獨型	獨立運

出生月份8月

出生年					
西元1952 1956 1960 1964 1968 1972 1976 1980 1981 1984 1985 1988 1989 1992 1993 1996 1997 2000			左記以外的人		
生日	**潛在性格型**	**生涯運**	**生日**	**潛在性格型**	**生涯運**
1～6日	單獨型	獨立運	1～7日	單獨型	獨立運
7～17日	協調型	浪漫運	8～18日	協調型	浪漫運
18～20日	樸實型	浪漫運	19～21日	樸實型	浪漫運
21～31日	完美型	浪漫運	22～31日	完美型	浪漫運

星數分類表　星數　6傾向的人（9月　10月　11月　12月生）

出生月份9月

出生年				
西元1927 1931 1935	西元1964 1968 1972 1976 1980 1984 1988 1992 1996 1997 2000	左記以外的人		
生日	**生日**	**生日**	**潛在性格型**	**生涯運**
1～8日	1～6日	1～7日	完美型	浪漫運
9～19日	7～17日	8～18日	完美型、自然型	正順運
20～30日	18～30日	19～30日	自然型	正順運

出生月份10月

出生年					
西元1928 1932 1936 1940 1944 1948 1952 1953 1956 1957 1960 1961 1964 1965 1968 1969 1972 1973 1976 1977 1980 1981 1982 1984 1985 1986 1988 1989 1992 1993 1994 1996 1997 1998 2000			左記以外的人		
生日	**潛在性格型**	**生涯運**	**生日**	**潛在性格型**	**生涯運**
1～7日	自然型	正順運	1～8日	自然型	正順運
8～17日	自然型	親和運	9～18日	自然型	親和運
18～20日	理想型	親和運	19～21日	理想型	親和運
21～31日	協調型	親和運	22～31日	協調型	親和運

出生月份11月

出生年					
西元1936 1940 1944 1948 1952 1956 1960 1964 1968 1969 1972 1973 1976 1977 1980 1981 1984 1985 1988 1989 1992 1993 1996 1997 1998 2000			左記以外的人		
生日	**潛在性格型**	**生涯運**	**生日**	**潛在性格型**	**生涯運**
1～6日	協調型	親和運	1～7日	協調型	親和運
7～14日	協調型、自律型	受轉運	8～15日	協調型、自律型	受轉運
15～19日	自律型	受轉運	16～20日	自律型	受轉運
20～30日	樸實型	受轉運	21～30日	樸實型	受轉運

出生月份12月

出生年					
西元1926 1927 1930 1931 1934 1935 1938 1939 1942 1943 1946 1947 1950 1951 1954 1955 1959 1963 1967 1971 1975 1979 1987 1991			左記以外的人		
生日	**潛在性格型**	**生涯運**	**生日**	**潛在性格型**	**生涯運**
1～7日	樸實型	受轉運	1～6日	樸實型	受轉運
8～18日	樸實型、包容型	流水運	7～17日	樸實型、包容型	流水運
19～31日	包容型	流水運	18～31日	包容型	流水運

星數分類表　星數　7傾向的人（1月　2月　3月　4月生）

出生月份1月

出生年					
西元1957 1961 1965 1969 1973 1977 1985 1986 1989 1990 1993 1994 1997 1998			左記以外的人		
生　日	潛在性格型	生涯運	生　日	潛在性格型	生涯運
1～4日	完美型	自由運	1～5日	完美型	自由運
5～14日	完美型	固定運	6～15日	完美型	固定運
15～17日	協調型	固定運	16～18日	協調型	固定運
18～31日	合理型	固定運	19～31日	合理型	固定運

出生月份2月

出生年					
西元1927 1928 1931 1932 1935 1936 1939 1940 1943 1944 1947 1948 1951 1952 1956 1960 1964 1968 1972 1976 1980			左記以外的人		
生　日	潛在性格型	生涯運	生　日	潛在性格型	生涯運
1～4日	合理型	固定運	1～3日	合理型	固定運
5～12日	理想型	流水運	4～11日	理想型	流水運
13～19日	耿直型	流水運	12～18日	直情型	流水運
20～末日	包容型	流水運	19～末日	包容型	流水運

出生月份3月

出生年					
西元1956 1960 1964 1968 1972 1976 1980 1985 1988 1989 1992 1993 1996 1997 2000			左記以外的人		
生　日	潛在性格型	生涯運	生　日	潛在性格型	生涯運
1～4日	包容型	流水運	1～5日	包容型	流水運
5～15日	包容型、樸實型	受轉運	6～16日	包容型、樸實型	流水運
16～31日	樸實型	受轉運	17～31日	樸實型	流水運

出生月份4月

出生年				
西元1927 1931 1935 1939 1943 1947	西元1980 1984 1988 1992 1996 2000	左記以外的人		
生　日	生　日	生　日	潛在性格型	生涯運
1～5日	1～3日	1～4日	樸實型	受轉運
6～15日	4～13日	5～14日	樸實型	親和運
16～18日	14～16日	15～17日	完美型	親和運
19～30日	17～30日	18～30日	理想型	親和運

星數分類表　星數　7傾向的人（5月　6月　7月　8月生）

出生月份 5月

出生年					
西元1948 1952 1956 1960 1964 1968 1972 1976 1977 1980 1981 1984 1985 1988 1989 1992 1993 1996 1997 2000			左記以外的人		
生日	潛在性格型	生涯運	生日	潛在性格型	生涯運
1～4日	理想型	親和運	1～5日	理想型	親和運
5～10日	理想型	正順運	6～11日	理想型	正順運
11～19日	單獨型	正順運	12～20日	單獨型	正順運
20～31日	耿直型	正順運	21～31日	耿直型	正順運

出生月份 6月

出生年				
西元1927 1931 1935	西元1972 1976 1980 1984 1988 1992 1996 1997 2000	左記以外的人		
生日	生日	生日	潛在性格型	生涯運
1～6日	1～4日	1～5日	耿直型	正順運
7～17日	5～15日	6～16日	耿直型、合理型	浪漫運
18～26日	16～24日	17～25日	合理型	浪漫運
27～30日	25～30日	26～30日	自律型	浪漫運

出生月份 7月

出生年					
西元1926 1927 1929 1930 1931 1934 1935 1938 1939 1942 1943 1946 1947 1950 1951 1954 1955 1958 1959 1963 1967 1971 1975 1979 1983 1987			左記以外的人		
生日	潛在性格型	生涯運	生日	潛在性格型	生涯運
1～7日	自律型	浪漫運	1～6日	自律型	浪漫運
8～17日	自律型	獨立運	7～16日	自律型	獨立運
18～20日	樸實型	獨立運	17～19日	樸實型	獨立運
21～31日	合理型	獨立運	20～31日	合理型	獨立運

出生月份 8月

出生年					
西元1952 1956 1960 1964 1968 1972 1976 1980 1981 1984 1985 1988 1989 1992 1993 1996 1997 2000			左記以外的人		
生日	潛在性格型	生涯運	生日	潛在性格型	生涯運
1～6日	合理型	獨立運	1～7日	合理型	獨立運
7～17日	理想型	堅實運	8～18日	理想型	堅實運
18～20日	自然型	堅實運	19～21日	自然型	堅實運
21～31日	單獨型	堅實運	22～31日	單獨型	堅實運

星數分類表　星數　7傾向的人（9月 10月 11月 12月生）

出生月份	出生年				
9月	西元1927 1931 1935	西元1964 1968 1972 1976 1980 1984 1988 1992 1996 1997 2000	左記以外的人		
	生日	生日	生日	潛在性格型	生涯運
	1～8日	1～6日	1～7日	單獨型	堅實運
	9～19日	7～17日	8～18日	單獨型、協調型	不動運
	20～30日	18～30日	19～30日	協調型	不動運

出生月份	出生年					
10月	西元1928 1932 1936 1940 1944 1948 1952 1953 1956 1957 1960 1961 1964 1965 1968 1969 1972 1973 1976 1977 1980 1981 1982 1984 1985 1986 1988 1989 1992 1993 1994 1996 1997 1998 2000			左記以外的人		
	生日	潛在性格型	生涯運	生日	潛在性格型	生涯運
	1～7日	協調型	不動運	1～8日	協調型	不動運
	8～17日	協調型	自制運	9～18日	協調型	自制運
	18～20日	自律型	自制運	19～21日	自律型	自制運
	21～31日	理想型	自制運	22～31日	理想型	自制運

出生月份	出生年					
11月	西元1936 1940 1944 1948 1952 1956 1960 1964 1968 1969 1972 1973 1976 1977 1980 1981 1984 1985 1988 1989 1992 1993 1996 1997 1998 2000			左記以外的人		
	生日	潛在性格型	生涯運	生日	潛在性格型	生涯運
	1～6日	理想型	自制運	1～7日	理想型	自制運
	7～14日	理想型、包容型	想望運	8～15日	理想型、包容型	想望運
	15～19日	包容型	想望運	16～20日	包容型	想望運
	20～30日	自然型	想望運	21～30日	自然型	想望運

出生月份	出生年					
12月	西元1926 1927 1930 1931 1934 1935 1938 1939 1942 1943 1946 1947 1950 1951 1954 1955 1959 1963 1967 1971 1975 1979 1987 1991			左記以外的人		
	生日	潛在性格型	生涯運	生日	潛在性格型	生涯運
	1～7日	自然型	想望運	1～6日	自然型	想望運
	8～18日	自然型、完美型	自由運	7～17日	自然型、完美型	自由運
	19～31日	完美型	自由運	18～31日	完美型	自由運

星數分類表　星數　8傾向的人（1月　2月　3月　4月生）

出生月份1月

出生年：西元1957 1961 1965 1969 1973 1977 1985 1986 1989 1990 1993 1994 1997 1998			出生年：左記以外的人		
生日	潛在性格型	生涯運	生日	潛在性格型	生涯運
1～4日	自然型	正順運	1～5日	自然型	正順運
5～14日	自然型	親和運	6～15日	自然型	親和運
15～17日	單獨型	親和運	16～18日	單獨型	親和運
18～31日	理想型	親和運	19～31日	理想型	親和運

出生月份2月

出生年：西元1927 1928 1931 1932 1935 1936 1939 1940 1943 1944 1947 1948 1951 1952 1956 1960 1964 1968 1972 1976 1980			出生年：左記以外的人		
生日	潛在性格型	生涯運	生日	潛在性格型	生涯運
1～4日	理想型	親和運	1～3日	理想型	親和運
5～12日	合理型	受轉運	4～11日	合理型	受轉運
13～19日	自律型	受轉運	12～18日	自律型	受轉運
20～末日	樸實型	受轉運	19～末日	樸實型	受轉運

出生月份3月

出生年：西元1956 1960 1964 1968 1972 1976 1980 1985 1988 1989 1992 1993 1996 1997 2000			出生年：左記以外的人		
生日	潛在性格型	生涯運	生日	潛在性格型	生涯運
1～4日	樸實型	受轉運	1～5日	樸實型	受轉運
5～15日	樸實型、包容型	流水運	6～16日	樸實型、包容型	流水運
16～31日	包容型	流水運	17～31日	包容型	流水運

出生月份4月

出生年：西元1927 1931 1935 1939 1943 1947	出生年：西元1980 1984 1988 1992 1996 2000	出生年：左記以外的人		
生日	生日	生日	潛在性格型	生涯運
1～5日	1～3日	1～4日	包容型	流水運
6～15日	4～13日	5～14日	包容型	固定運
16～18日	14～16日	15～17日	自然型	固定運
19～30日	17～30日	18～30日	合理型	固定運

星數分類表　星數　8傾向的人（5月　6月　7月　8月生）

出生月份5月

出生年					
西元1948 1952 1956 1960 1964 1968 1972 1976 1977 1980 1981 1984 1985 1988 1989 1992 1993 1996 1997 2000			左記以外的人		
生日	潛在性格型	生涯運	生日	潛在性格型	生涯運
1～4日	合理型	固定運	1～5日	合理型	固定運
5～10日	合理型	自由運	6～11日	合理型	自由運
11～19日	協調型	自由運	12～20日	協調型	自由運
20～31日	自律型	自由運	21～31日	自律型	自由運

出生月份6月

出生年				
西元1927 1931 1935	西元1972 1976 1980 1984 1988 1992 1996 1997 2000	左記以外的人		
生日	生日	生日	潛在性格型	生涯運
1～6日	1～4日	1～5日	自律型	自由運
7～17日	5～15日	6～16日	自律型、理想型	想望運
18～26日	16～24日	17～25日	理想型	想望運
27～30日	25～30日	26～30日	耿直型	想望運

出生月份7月

出生年					
西元1926 1927 1929 1930 1931 1934 1935 1938 1939 1942 1943 1946 1947 1950 1951 1954 1955 1958 1959 1963 1967 1971 1975 1979 1983 1987			左記以外的人		
生日	潛在性格型	生涯運	生日	潛在性格型	生涯運
1～7日	耿直型	想望運	1～6日	耿直型	想望運
8～17日	耿直型	自制運	7～16日	耿直型	自制運
18～20日	包容型	自制運	17～19日	包容型	自制運
21～31日	理想型	自制運	20～31日	理想型	自制運

出生月份8月

出生年					
西元1952 1956 1960 1964 1968 1972 1976 1980 1981 1984 1985 1988 1989 1992 1993 1996 1997 2000			左記以外的人		
生日	潛在性格型	生涯運	生日	潛在性格型	生涯運
1～6日	理想型	自制運	1～7日	理想型	自制運
7～17日	合理型	不動運	8～18日	合理型	不動運
18～20日	完美型	不動運	19～21日	完美型	不動運
21～31日	協調型	不動運	22～31日	協調型	不動運

星數分類表　星數　8傾向的人（9月 10月 11月 12月生）

出生月份9月

出生年				
西元1927 1931 1935	西元1964 1968 1972 1976 1980 1984 1988 1992 1996 1997 2000	左記以外的人		
生　日	生　日	生　日	潛在性格型	生涯運
1～8日	1～6日	1～7日	協調型	不動運
9～19日	7～17日	8～18日	協調型、單獨型	堅實運
20～30日	18～30日	19～30日	單獨型	堅實運

出生月份10月

出生年					
西元1928 1932 1936 1940 1944 1948 1952 1953 1956 1957 1960 1961 1964 1965 1968 1969 1972 1973 1976 1977 1980 1981 1982 1984 1985 1986 1988 1989 1992 1993 1994 1996 1997 1998 2000			左記以外的人		
生　日	潛在性格型	生涯運	生　日	潛在性格型	生涯運
1～7日	單獨型	堅實運	1～8日	單獨型	堅實運
8～17日	單獨型	獨立運	9～18日	單獨型	獨立運
18～20日	耿情型	獨立運	19～21日	耿直型	獨立運
21～31日	合理型	獨立運	22～31日	合理型	獨立運

出生月份11月

出生年					
西元1936 1940 1944 1948 1952 1956 1960 1964 1968 1969 1972 1973 1976 1977 1980 1981 1984 1985 1988 1989 1992 1993 1996 1997 1998 2000			左記以外的人		
生　日	潛在性格型	生涯運	生　日	潛在性格型	生涯運
1～6日	合理型	獨立運	1～7日	合理型	獨立運
7～14日	合理型、樸實型	浪漫運	8～15日	合理型、樸實型	浪漫運
15～19日	樸實型	浪漫運	16～20日	樸實型	浪漫運
20～30日	完美型	浪漫運	21～30日	完美型	浪漫運

出生月份12月

出生年					
西元1926 1927 1930 1931 1934 1935 1938 1939 1942 1943 1946 1947 1950 1951 1954 1955 1959 1963 1967 1971 1975 1979 1987 1991			左記以外的人		
生　日	潛在性格型	生涯運	生　日	潛在性格型	生涯運
1～7日	完美型	浪漫運	1～6日	完美型	浪漫運
8～18日	完美型、自然型	正順運	7～17日	完美型、自然型	正順運
19～31日	自然型	正順運	18～31日	自然型	正順運

星數分類表　星數　9傾向的人（1月　2月　3月　4月生）

出生月份1月

出生年					
西元1957 1961 1965 1969 1973 1977 1985 1986 1989 1990 1993 1994 1997 1998			左記以外的人		
生　日	潛在性格型	生涯運	生　日	潛在性格型	生涯運
1～4日	協調型	不動運	1～5日	協調型	不動運
5～14日	協調型	自制運	6～15日	協調型	自制運
15～17日	合理型	自制運	16～18日	合理型	自制運
18～31日	自律型	自制運	19～31日	自律型	自制運

出生月份2月

出生年					
西元1927 1928 1931 1932 1935 1936 1939 1940 1943 1944 1947 1948 1951 1952 1956 1960 1964 1968 1972 1976 1980			左記以外的人		
生　日	潛在性格型	生涯運	生　日	潛在性格型	生涯運
1～4日	自律型	自制運	1～3日	自律型	自制運
5～12日	耿直型	想望運	4～11日	耿直型	想望運
13～19日	包容型	想望運	12～18日	包容型	想望運
20～末日	自然型	想望運	19～末日	自然型	想望運

出生月份3月

出生年					
西元1956 1960 1964 1968 1972 1976 1980 1985 1988 1989 1992 1993 1996 1997 2000			左記以外的人		
生　日	潛在性格型	生涯運	生　日	潛在性格型	生涯運
1～4日	自然型	想望運	1～5日	自然型	想望運
5～15日	自然型、完美型	自由運	6～16日	自然型、完美型	自由運
16～31日	完美型	自由運	17～31日	完美型	自由運

出生月份4月

出生年				
西元1927 1931 1935 1939 1943 1947	西元1980 1984 1988 1992 1996 2000	左記以外的人		
生　日	生　日	生　日	潛在性格型	生涯運
1～5日	1～3日	1～4日	完美型	自由運
6～15日	4～13日	5～14日	完美型	固定運
16～18日	14～16日	15～17日	協調型	固定運
19～30日	17～30日	18～30日	耿直型	固定運

星數分類表　星數　9傾向的人（5月　6月　7月　8月生）

出生月份5月

出生年					
西元1948 1952 1956 1960 1964 1968 1972 1976 1977 1980 1981 1984 1985 1988 1989 1992 1993 1996 1997 2000			左記以外的人		
生日	潛在性格型	生涯運	生日	潛在性格型	生涯運
1～4日	耿直型	固定運	1～5日	耿直型	固定運
5～10日	耿直型	流水運	6～11日	耿直型	流水運
11～19日	理想型	流水運	12～20日	理想型	流水運
20～31日	包容型	流水運	21～31日	包容型	流水運

出生月份6月

出生年				
西元1927 1931 1935	西元1972 1976 1980 1984 1988 1992 1996 1997 2000	左記以外的人		
生日	生日	生日	潛在性格型	生涯運
1～6日	1～4日	1～5日	包容型	流水運
7～17日	5～15日	6～16日	包容型、自律型	受轉運
18～26日	16～24日	17～25日	自律型	受轉運
27～30日	25～30日	26～30日	樸實型	受轉運

出生月份7月

出生年					
西元1926 1927 1929 1930 1931 1934 1935 1938 1939 1942 1943 1946 1947 1950 1951 1954 1955 1958 1959 1963 1967 1971 1975 1979 1983 1987			左記以外的人		
生日	潛在性格型	生涯運	生日	潛在性格型	生涯運
1～7日	樸實型	受轉運	1～6日	樸實型	受轉運
8～17日	樸實型	親和運	7～16日	樸實型	親和運
18～20日	完美型	親和運	17～19日	完美型	親和運
21～31日	自律型	親和運	20～31日	自律型	親和運

出生月份8月

出生年					
西元1952 1956 1960 1964 1968 1972 1976 1980 1981 1984 1985 1988 1989 1992 1993 1996 1997 2000			左記以外的人		
生日	潛在性格型	生涯運	生日	潛在性格型	生涯運
1～6日	自律型	親和運	1～7日	自律型	親和運
7～17日	耿直型	正順運	8～18日	耿直型	正順運
18～20日	單獨型	正順運	19～21日	單獨型	正順運
21～31日	理想型	正順運	22～31日	理想型	正順運

星數分類表　星數　9傾向的人（9月 10月 11月 12月生）

出生月份9月

出生年	西元1927 1931 1935	西元1964 1968 1972 1976 1980 1984 1988 1992 1996 1997 2000	左記以外的人		
	生日	生日	生日	潛在性格型	生涯運
	1～8日	1～6日	1～7日	理想型	正順運
	9～19日	7～17日	8～18日	理想型、合理型	浪漫運
	20～30日	18～30日	19～30日	合理型	浪漫運

出生月份10月

出生年	西元1928 1932 1936 1940 1944 1948 1952 1953 1956 1957 1960 1961 1964 1965 1968 1969 1972 1973 1976 1977 1980 1981 1982 1984 1985 1986 1988 1989 1992 1993 1994 1996 1997 1998 2000			左記以外的人		
	生日	潛在性格型	生涯運	生日	潛在性格型	生涯運
	1～7日	合理型	浪漫運	1～8日	合理型	浪漫運
	8～17日	合理型	獨立運	9～18日	合理型	獨立運
	18～20日	樸實型	獨立運	19～21日	樸實型	獨立運
	21～31日	耿直型	獨立運	22～31日	耿直型	獨立運

出生月份11月

出生年	西元1936 1940 1944 1948 1952 1956 1960 1964 1968 1969 1972 1973 1976 1977 1980 1981 1984 1985 1988 1989 1992 1993 1996 1997 1998 2000			左記以外的人		
	生日	潛在性格型	生涯運	生日	潛在性格型	生涯運
	1～6日	耿直型	獨立運	1～7日	耿直型	獨立運
	7～14日	耿直型、自然型	堅實運	8～15日	耿直型、自然型	堅實運
	15～19日	自然型	堅實運	16～20日	自然型	堅實運
	20～30日	單獨型	堅實運	21～30日	單獨型	堅實運

出生月份12月

出生年	西元1926 1927 1930 1931 1934 1935 1938 1939 1942 1943 1946 1947 1950 1951 1954 1955 1959 1963 1967 1971 1975 1979 1987 1991			左記以外的人		
	生日	潛在性格型	生涯運	生日	潛在性格型	生涯運
	1～7日	單獨型	堅實運	1～6日	單獨型	堅實運
	8～18日	單獨型、協調型	不動運	7～17日	單獨型、協調型	不動運
	19～31日	協調型	不動運	18～31日	協調型	不動運

星數分類表　星數　0傾向的人（1月　2月　3月　4月生）

出生月份	出生年					
1月	西元1957 1961 1965 1969 1973 1977 1985 1986 1989 1990 1993 1994 1997 1998			左記以外的人		
	生日	潛在性格型	生涯運	生日	潛在性格型	生涯運
	1～4日	單獨型	堅實運	1～5日	單獨型	堅實運
	5～14日	單獨型	獨立運	6～15日	單獨型	獨立運
	15～17日	理想型	獨立運	16～18日	理想型	獨立運
	18～31日	耿直型	獨立運	19～31日	耿直型	獨立運

出生月份	出生年					
2月	西元1927 1928 1931 1932 1935 1936 1939 1940 1943 1944 1947 1948 1951 1952 1956 1960 1964 1968 1972 1976 1980			左記以外的人		
	生日	潛在性格型	生涯運	生日	潛在性格型	生涯運
	1～4日	耿直型	獨立運	1～3日	耿直型	獨立運
	5～12日	自律型	浪漫運	4～11日	自律型	浪漫運
	13～19日	樸實型	浪漫運	12～18日	樸實型	浪漫運
	20～末日	完全型	浪漫運	19～末日	完美型	浪漫運

出生月份	出生年					
3月	西元1956 1960 1964 1968 1972 1976 1980 1985 1988 1989 1992 1993 1996 1997 2000			左記以外的人		
	生日	潛在性格型	生涯運	生日	潛在性格型	生涯運
	1～4日	完美型	浪漫運	1～5日	完美型	浪漫運
	5～15日	完美型、自然型	正順運	6～16日	完美型、自然型	正順運
	16～31日	自然型	正順運	17～31日	自然型	正順運

出生月份	出生年				
4月	西元1927 1931 1935 1939 1943 1947	西元1980 1984 1988 1992 1996 2000	左記以外的人		
	生日	生日	生日	潛在性格型	生涯運
	1～5日	1～3日	1～4日	自然型	正順運
	6～15日	4～13日	5～14日	自然型	親和運
	16～18日	14～16日	15～17日	單獨型	親和運
	19～30日	17～30日	18～30日	自律型	親和運

星數分類表　星數　0傾向的人(5月　6月　7月　8月生)

出生月份	出生年					
5月	西元1948 1952 1956 1960 1964 1968 1972 1976 1977 1980 1981 1984 1985 1988 1989 1992 1993 1996 1997 2000			左記以外的人		
	生日	潛在性格型	生涯運	生日	潛在性格型	生涯運
	1～4日	自律型	親和運	1～5日	自律型	親和運
	5～10日	自律型	受轉運	6～11日	自律型	受轉運
	11～19日	合理型	受轉運	12～20日	合理型	受轉運
	20～31日	樸實型	受轉運	21～31日	樸實型	受轉運

出生月份	出生年				
6月	西元1927 1931 1935	西元1972 1976 1980 1984 1988 1992 1996 1997 2000	左記以外的人		
	生日	生日	生日	潛在性格型	生涯運
	1～6日	1～4日	1～5日	樸實型	受轉運
	7～17日	5～15日	6～16日	樸實型、耿直型	流水運
	18～26日	16～24日	17～25日	耿直型	流水運
	27～30日	25～30日	26～30日	包容型	流水運

出生月份	出生年					
7月	西元1926 1927 1929 1930 1931 1934 1935 1938 1939 1942 1943 1946 1947 1950 1951 1954 1955 1958 1959 1963 1967 1971 1975 1979 1983 1987			左記以外的人		
	生日	潛在性格型	生涯運	生日	潛在性格型	生涯運
	1～7日	包容型	流水運	1～6日	包容型	流水運
	8～17日	包容型	固定運	7～16日	包容型	固定運
	18～20日	自然型	固定運	17～19日	自然型	固定運
	21～31日	耿直型	固定運	20～31日	耿直型	固定運

出生月份	出生年					
8月	西元1952 1956 1960 1964 1968 1972 1976 1980 1981 1984 1985 1988 1989 1992 1993 1996 1997 2000			左記以外的人		
	生日	潛在性格型	生涯運	生日	潛在性格型	生涯運
	1～6日	耿直型	固定運	1～7日	耿直型	固定運
	7～17日	自律型	自由運	8～18日	自律型	自由運
	18～20日	協調型	自由運	19～21日	協調型	自由運
	21～31日	合理型	自由運	22～31日	合理型	自由運

星數分類表　星數　0傾向的人（9月　10月　11月　12月生）

出生月份9月

出生年	西元1927 1931 1935	西元1964 1968 1972 1976 1980 1984 1988 1992 1996 1997 2000	左記以外的人		
	生　日	生　日	生　日	潛在性格型	生涯運
	1～8日	1～6日	1～7日	合理型	自由運
	9～19日	7～17日	8～18日	合理型、理想型	想望運
	20～30日	18～30日	19～30日	理想型	想望運

出生月份10月

出生年	西元1928 1932 1936 1940 1944 1948 1952 1953 1956 1957 1960 1961 1964 1965 1968 1969 1972 1973 1976 1977 1980 1981 1982 1984 1985 1986 1988 1989 1992 1993 1994 1996 1997 1998 2000			左記以外的人		
	生　日	潛在性格型	生涯運	生　日	潛在性格型	生涯運
	1～7日	理想型	想望運	1～8日	理想型	想望運
	8～17日	理想型	自制運	9～18日	理想型	自制運
	18～20日	包容型	自制運	19～21日	包容型	自制運
	21～31日	自律型	自制運	22～31日	自律型	自制運

出生月份11月

出生年	西元1936 1940 1944 1948 1952 1956 1960 1964 1968 1969 1972 1973 1976 1977 1980 1981 1984 1985 1988 1989 1992 1993 1996 1997 1998 2000			左記以外的人		
	生　日	潛在性格型	生涯運	生　日	潛在性格型	生涯運
	1～6日	自律型	自制運	1～7日	自律型	自制運
	7～14日	自律型	不動運	8～15日	自律型	不動運
	15～19日	完美型	不動運	16～20日	完美型	不動運
	20～30日	協調型	不動運	21～30日	協調型	不動運

出生月份12月

出生年	西元1926 1927 1930 1931 1934 1935 1938 1939 1942 1943 1946 1947 1950 1951 1954 1955 1959 1963 1967 1971 1975 1979 1987 1991			左記以外的人		
	生　日	潛在性格型	生涯運	生　日	潛在性格型	生涯運
	1～7日	協調型	不動運	1～6日	協調型	不動運
	8～18日	協調型、單獨型	堅實運	7～17日	協調型、單獨型	堅實運
	19～31日	單獨型	堅實運	18～31日	單獨型	堅實運

10歲層運一覽表（１群）

出生年（西元）／星數						
	1925	1926	1927	1928	1929	1930
	1937	1938	1939	1940	1941	1942
	1949	1950	1951	1952	1953	1954
	1961	1962	1963	1964	1965	1966
	1973	1974	1975	1976	1977	1978
	1985	1986	1987	1988	1989	1990
	1997	1998	1999	2000	2001	2002
星數1傾向	獨立運	堅實運	不動運	自制運	想望運	自由運
星數2傾向	自制運	不動運	堅實運	獨立運	浪漫運	正順運
星數3傾向	親和運	正順運	浪漫運	獨立運	堅實運	不動運
星數4傾向	固定運	自由運	想望運	自制運	不動運	堅實運
星數5傾向	親和運	正順運	浪漫運	獨立運	堅實運	不動運
星數6傾向	固定運	自由運	想望運	自制運	不動運	堅實運
星數7傾向	固定運	流水運	受轉運	親和運	正順運	浪漫運
星數8傾向	親和運	受轉運	流水運	固定運	自由運	想望運
星數9傾向	自制運	想望運	自由運	固定運	流水運	受轉運
星數0傾向	獨立運	浪漫運	正順運	親和運	受轉運	流水運

★1月1日～1月4日出生的人爲去年之運。
★1月5日～2月3日出生的人也對照去年之運來判斷。

10歲層運一覽表（2群）

出生年（西元）／星數						
	1931	1932	1933	1934	1935	1936
	1943	1944	1945	1946	1947	1948
	1955	1956	1957	1958	1959	1960
	1967	1968	1969	1970	1971	1972
	1979	1980	1981	1982	1983	1984
	1991	1992	1993	1994	1995	1996
星數1傾向	固定運	流水運	受轉運	親和運	正順運	浪漫運
星數2傾向	親和運	受轉運	流水運	固定運	自由運	想望運
星數3傾向	自制運	想望運	自由運	固定運	流水運	受轉運
星數4傾向	獨立運	浪漫運	正順運	親和運	受轉運	流水運
星數5傾向	自制運	想望運	自由運	固定運	流水運	受轉運
星數6傾向	獨立運	浪漫運	正順運	親和運	受轉運	流水運
星數7傾向	獨立運	堅實運	不動運	自制運	想望運	自由運
星數8傾向	自制運	不動運	堅實運	獨立運	浪漫運	正順運
星數9傾向	親和運	正順運	浪漫運	獨立運	堅實運	不動運
星數0傾向	固定運	自由運	想望運	自制運	不動運	堅實運

★1月1日～1月4日出生的人爲去年之運。
★1月5日～2月3日出生的人也對照去年之運來判斷。

動間運循環基盤表

長運基盤

—— 九宿渡了 72歲—80歲	—— 二宿變動 9 歲—17歲	—— 三宿發展 18歲—26歲
—— 八宿打開 63歲—71歲	—— 一宿新生 0 歲— 8 歲	—— 四宿流轉 27歲—35歲
—— 七宿轉節 54歲—62歲	—— 六宿確保 45歲—53歲	—— 五宿形成 36歲—44歲

動間運年運基盤(1 月出生的人)

九宿渡了 9	二宿變動 2	三宿發展 3
八宿打開 8	一宿新生 1	四宿流轉 4
七宿轉節 7	六宿確保 6	五宿形成 5

長運基盤

—— 一宿新生 72歲—80歲	—— 三宿發展 9 歲—17歲	—— 四宿流轉 18歲—26歲
—— 九宿渡了 63歲—71歲	—— 二宿變動 0 歲— 8 歲	—— 五宿形成 27歲—35歲
—— 八宿打開 54歲—62歲	—— 七宿轉節 45歲—53歲	—— 六宿確保 36歲—44歲

動間運年運基盤(2 月出生的人)

一宿新生 9	三宿發展 2	四宿流轉 3
九宿渡了 8	二宿變動 1	五宿形成 4
八宿打開 7	七宿轉節 6	六宿確保 5

長運基盤

—— 二宿變動 72歲—80歲	—— 四宿流轉 9 歲—17歲	—— 五宿形成 18歲—26歲
—— 一宿新生 63歲—71歲	—— 三宿發展 0 歲— 8 歲	—— 六宿確保 27歲—35歲
—— 九宿渡了 54歲—62歲	—— 八宿打開 45歲—53歲	—— 七宿轉節 36歲—44歲

動間運年運基盤(3 月出生的人)

二宿變動 9	四宿流轉 2	五宿形成 3
一宿新生 8	三宿發展 1	六宿確保 4
九宿渡了 7	八宿打開 6	七宿轉節 5

長運基盤

—— 三宿發展 72歲—80歲	—— 五宿形成 9 歲—17歲	—— 六宿確保 18歲—26歲
—— 二宿變動 63歲—71歲	—— 四宿流轉 0 歲— 8 歲	—— 七宿轉節 27歲—35歲
—— 一宿新生 54歲—62歲	—— 九宿渡了 45歲—53歲	—— 八宿打開 36歲—44歲

動間運年運基盤(4 月出生的人)

三宿發展 9	五宿形成 2	六宿確保 3
二宿變動 8	四宿流轉 1	七宿轉節 4
一宿新生 7	九宿渡了 6	八宿打開 5

長運基盤

—— 四宿流轉 72歲—80歲	—— 六宿確保 9 歲—17歲	—— 七宿轉節 18歲—26歲
—— 三宿發展 63歲—71歲	—— 五宿形成 0 歲— 8 歲	—— 八宿打開 27歲—35歲
—— 二宿變動 54歲—62歲	—— 一宿新生 45歲—53歲	—— 九宿渡了 36歲—44歲

動間運年運基盤(5 月出生的人)

四宿流轉 9	六宿確保 2	七宿轉節 3
三宿發展 8	五宿形成 1	八宿打開 4
二宿變動 7	一宿新生 6	九宿渡了 5

長運基盤

—— 五宿形成 72歲—80歲	—— 七宿轉節 9 歲—17歲	—— 八宿打開 18歲—26歲
—— 四宿流轉 63歲—71歲	—— 六宿確保 0 歲— 8 歲	—— 九宿渡了 27歲—35歲
—— 三宿發展 54歲—62歲	—— 二宿變動 45歲—53歲	—— 一宿新生 36歲—44歲

動間運年運基盤(6 月出生的人)

五宿形成 9	七宿轉節 2	八宿打開 3
四宿流轉 8	六宿確保 1	九宿渡了 4
三宿發展 7	二宿變動 6	一宿新生 5

長運基盤

—— 六宿確保 72歲—80歲	—— 八宿打開 9 歲—17歲	—— 九宿渡了 18歲—26歲
—— 五宿形成 63歲—71歲	—— 七宿轉節 0 歲— 8 歲	—— 一宿新生 27歲—35歲
—— 四宿流轉 54歲—62歲	—— 三宿發展 45歲—53歲	—— 二宿變動 36歲—44歲

動間運年運基盤(7 月出生的人)

六宿確保 9	八宿打開 2	九宿渡了 3
五宿形成 8	七宿轉節 1	一宿新生 4
四宿流轉 7	三宿發展 6	二宿變動 5

長運基盤

—— 七宿轉節 72歲—80歲	—— 九宿渡了 9 歲—17歲	—— 一宿新生 18歲—26歲
—— 六宿確保 63歲—71歲	—— 八宿打開 0 歲— 8 歲	—— 二宿變動 27歲—35歲
—— 五宿形成 54歲—62歲	—— 四宿流轉 45歲—53歲	—— 三宿發展 36歲—44歲

動間運年運基盤(8 月出生的人)

七宿轉節 9	九宿渡了 2	一宿新生 3
六宿確保 8	八宿打開 1	二宿變動 4
五宿形成 7	四宿流轉 6	三宿發展 5

長運基盤

—— 八宿打開 72歲—80歲	—— 一宿新生 9 歲—17歲	—— 二宿變動 18歲—26歲
—— 七宿轉節 63歲—71歲	—— 九宿渡了 0 歲— 8 歲	—— 三宿發展 27歲—35歲
—— 六宿確保 54歲—62歲	—— 五宿形成 45歲—53歲	—— 四宿流轉 36歲—44歲

動間運年運基盤(9 月出生的人)

八宿打開 9	一宿新生 2	二宿變動 3
七宿轉節 8	九宿渡了 1	三宿發展 4
六宿確保 7	五宿形成 6	四宿流轉 5

長運基盤

—— 九宿渡了 72歲—80歲	—— 二宿變動 9 歲—17歲	—— 三宿發展 18歲—26歲
—— 八宿打開 63歲—71歲	—— 一宿新生 0 歲— 8 歲	—— 四宿流轉 27歲—35歲
—— 七宿轉節 54歲—62歲	—— 六宿確保 45歲—53歲	—— 五宿形成 36歲—44歲

動間運年運基盤(10 月出生的人)

九宿渡了 ⑨	二宿變動 ②	三宿發展 ③
八宿打開 ⑧	一宿新生 ①	四宿流轉 ④
七宿轉節 ⑦	六宿確保 ⑥	五宿形成 ⑤

長運基盤

—— 一宿新生 72歲—80歲	—— 三宿發展 9 歲—17歲	—— 四宿流轉 18歲—26歲
—— 九宿渡了 63歲—71歲	—— 二宿變動 0 歲— 8 歲	—— 五宿形成 27歲—35歲
—— 八宿打開 54歲—62歲	—— 七宿轉節 45歲—53歲	—— 六宿確保 36歲—44歲

動間運年運基盤(11 月出生的人)

一宿新生 ⑨	三宿發展 ②	四宿流轉 ③
九宿渡了 ⑧	二宿變動 ①	五宿形成 ④
八宿打開 ⑦	七宿轉節 ⑥	六宿確保 ⑤

長運基盤

—— 二宿變動 72歲—80歲	—— 四宿流轉 9 歲—17歲	—— 五宿形成 18歲—26歲
—— 一宿新生 63歲—71歲	—— 三宿發展 0 歲— 8 歲	—— 六宿確保 27歲—35歲
—— 九宿渡了 54歲—62歲	—— 八宿打開 45歲—53歲	—— 七宿轉節 36歲—44歲

動間運年運基盤(12 月出生的人)

二宿變動 ⑨	四宿流轉 ②	五宿形成 ③
一宿新生 ⑧	三宿發展 ①	六宿確保 ④
九宿渡了 ⑦	八宿打開 ⑥	七宿轉節 ⑤

作者介紹

野中　祐良

西元1929年出生於山梨縣。法政大學畢業。自學生時代就深深迷上文學，大學畢業後，對中國曆日占星術抱持關心而獨自開始研究。

其後，因家庭因素，不得不在當地金融機構就職。對非自我意志所喜歡的職業產生疑問，經常自問自答地過日子。

以48歲的年紀改行爲契機，名字改爲祐良，開始正式埋頭於占星術的研究工作。依據其選擇違反自己意志的命運體驗，完成了潛在性格運的基礎與星宿占星術。

本書將潛在性格運一起加上無法避免的命運波浪——〈九宿動間運〉，綜合地完成占卜的宿命一書。就是讓迷惘煩惱的現代人得以選擇適合的條件，並伸出援手的一本書。

本書原稿完成後，作者坐臥病床上而在西元1997年6月去世。

野中　建三

繼承父親祐良的遺志，以父本名致力於星宿占星術的現代思考。出版本書時，擔任本書的責任監修工作。

生活廣場系列

① 366 天誕生星
馬克・失崎治信／著
李 芳 黛／譯　　定價 280 元

② 366 天誕生花與誕生石
約翰路易・松岡／著
林 碧 清／譯　　定價 280 元

③科學命相
淺野八郎／著
林 娟 如／譯　　定價 220 元

④已知的他界科學
天外伺朗／著
陳 蒼 杰／譯　　定價 220 元

⑤開拓未來的他界科學
天外伺朗／著
陳 蒼 杰／譯　　定價 220 元

⑥世紀末變態心理犯罪檔案
冬門稔貳／著
沈 永 嘉／譯　　定價 240 元

大展出版社有限公司 圖書目錄

地址：台北市北投區(石牌)
致遠一路二段 12 巷 1 號
電話：(02)28236031
28236033
郵撥：0166955～1
傳真：(02)28272069

・法律專欄連載・電腦編號 58

台大法學院 法律學系／策劃
法律服務社／編著

1.	別讓您的權利睡著了 [1]	200 元
2.	別讓您的權利睡著了 [2]	200 元

・秘傳占卜系列・電腦編號 14

1.	手相術	淺野八郎著	180 元
2.	人相術	淺野八郎著	180 元
3.	西洋占星術	淺野八郎著	180 元
4.	中國神奇占卜	淺野八郎著	150 元
5.	夢判斷	淺野八郎著	150 元
6.	前世、來世占卜	淺野八郎著	150 元
7.	法國式血型學	淺野八郎著	150 元
8.	靈感、符咒學	淺野八郎著	150 元
9.	紙牌占卜學	淺野八郎著	150 元
10.	ESP 超能力占卜	淺野八郎著	150 元
11.	猶太數的秘術	淺野八郎著	150 元
12.	新心理測驗	淺野八郎著	160 元
13.	塔羅牌預言秘法	淺野八郎著	200 元

・趣味心理講座・電腦編號 15

1.	性格測驗① 探索男與女	淺野八郎著	140 元
2.	性格測驗② 透視人心奧秘	淺野八郎著	140 元
3.	性格測驗③ 發現陌生的自己	淺野八郎著	140 元
4.	性格測驗④ 發現你的真面目	淺野八郎著	140 元
5.	性格測驗⑤ 讓你們吃驚	淺野八郎著	140 元
6.	性格測驗⑥ 洞穿心理盲點	淺野八郎著	140 元
7.	性格測驗⑦ 探索對方心理	淺野八郎著	140 元
8.	性格測驗⑧ 由吃認識自己	淺野八郎著	160 元
9.	性格測驗⑨ 戀愛知多少	淺野八郎著	160 元
10.	性格測驗⑩ 由裝扮瞭解人心	淺野八郎著	160 元

11.	性格測驗⑪ 敲開內心玄機	淺野八郎著	140 元
12.	性格測驗⑫ 透視你的未來	淺野八郎著	160 元
13.	血型與你的一生	淺野八郎著	160 元
14.	趣味推理遊戲	淺野八郎著	160 元
15.	行為語言解析	淺野八郎著	160 元

・婦 幼 天 地・電腦編號 16

1.	八萬人減肥成果	黃靜香譯	180 元
2.	三分鐘減肥體操	楊鴻儒譯	150 元
3.	窈窕淑女美髮秘訣	柯素娥譯	130 元
4.	使妳更迷人	成　玉譯	130 元
5.	女性的更年期	官舒妍編譯	160 元
6.	胎內育兒法	李玉瓊編譯	150 元
7.	早產兒袋鼠式護理	唐岱蘭譯	200 元
8.	初次懷孕與生產	婦幼天地編譯組	180 元
9.	初次育兒 12 個月	婦幼天地編譯組	180 元
10.	斷乳食與幼兒食	婦幼天地編譯組	180 元
11.	培養幼兒能力與性向	婦幼天地編譯組	180 元
12.	培養幼兒創造力的玩具與遊戲	婦幼天地編譯組	180 元
13.	幼兒的症狀與疾病	婦幼天地編譯組	180 元
14.	腿部苗條健美法	婦幼天地編譯組	180 元
15.	女性腰痛別忽視	婦幼天地編譯組	150 元
16.	舒展身心體操術	李玉瓊編譯	130 元
17.	三分鐘臉部體操	趙薇妮著	160 元
18.	生動的笑容表情術	趙薇妮著	160 元
19.	心曠神怡減肥法	川津祐介著	130 元
20.	內衣使妳更美麗	陳玄茹譯	130 元
21.	瑜伽美姿美容	黃靜香編著	180 元
22.	高雅女性裝扮學	陳珮玲譯	180 元
23.	蠶糞肌膚美顏法	坂梨秀子著	160 元
24.	認識妳的身體	李玉瓊譯	160 元
25.	產後恢復苗條體態	居理安・芙萊喬著	200 元
26.	正確護髮美容法	山崎伊久江著	180 元
27.	安琪拉美姿養生學	安琪拉蘭斯博瑞著	180 元
28.	女體性醫學剖析	增田豐著	220 元
29.	懷孕與生產剖析	岡部綾子著	180 元
30.	斷奶後的健康育兒	東城百合子著	220 元
31.	引出孩子幹勁的責罵藝術	多湖輝著	170 元
32.	培養孩子獨立的藝術	多湖輝著	170 元
33.	子宮肌瘤與卵巢囊腫	陳秀琳編著	180 元
34.	下半身減肥法	納他夏・史達賓著	180 元
35.	女性自然美容法	吳雅菁編著	180 元
36.	再也不發胖	池園悅太郎著	170 元

37. 生男生女控制術	中垣勝裕著	220 元
38. 使妳的肌膚更亮麗	楊　皓編著	170 元
39. 臉部輪廓變美	芝崎義夫著	180 元
40. 斑點、皺紋自己治療	高須克彌著	180 元
41. 面皰自己治療	伊藤雄康著	180 元
42. 隨心所欲瘦身冥想法	原久子著	180 元
43. 胎兒革命	鈴木丈織著	180 元
44. NS 磁氣平衡法塑造窈窕奇蹟	古屋和江著	180 元
45. 享瘦從腳開始	山田陽子著	180 元
46. 小改變瘦 4 公斤	宮本裕子著	180 元
47. 軟管減肥瘦身	高橋輝男著	180 元
48. 海藻精神秘美容法	劉名揚編著	180 元
49. 肌膚保養與脫毛	鈴木真理著	180 元
50. 10 天減肥 3 公斤	彤雲編輯組	180 元
51. 穿出自己的品味	西村玲子著	280 元
52. 小孩髮型設計	李芳黛譯	250 元

·青春天地·電腦編號 17

1. A 血型與星座	柯素娥編譯	160 元
2. B 血型與星座	柯素娥編譯	160 元
3. O 血型與星座	柯素娥編譯	160 元
4. AB 血型與星座	柯素娥編譯	120 元
5. 青春期性教室	呂貴嵐編譯	130 元
7. 難解數學破題	宋釗宜編譯	130 元
9. 小論文寫作秘訣	林顯茂編譯	120 元
11. 中學生野外遊戲	熊谷康編著	120 元
12. 恐怖極短篇	柯素娥編譯	130 元
13. 恐怖夜話	小毛驢編譯	130 元
14. 恐怖幽默短篇	小毛驢編譯	120 元
15. 黑色幽默短篇	小毛驢編譯	120 元
16. 靈異怪談	小毛驢編譯	130 元
17. 錯覺遊戲	小毛驢編著	130 元
18. 整人遊戲	小毛驢編著	150 元
19. 有趣的超常識	柯素娥編譯	130 元
20. 哦！原來如此	林慶旺編譯	130 元
21. 趣味競賽 100 種	劉名揚編譯	120 元
22. 數學謎題入門	宋釗宜編譯	150 元
23. 數學謎題解析	宋釗宜編譯	150 元
24. 透視男女心理	林慶旺編譯	120 元
25. 少女情懷的自白	李桂蘭編譯	120 元
26. 由兄弟姊妹看命運	李玉瓊編譯	130 元
27. 趣味的科學魔術	林慶旺編譯	150 元
28. 趣味的心理實驗室	李燕玲編譯	150 元

29. 愛與性心理測驗　小毛驢編譯　130元
30. 刑案推理解謎　小毛驢編譯　180元
31. 偵探常識推理　小毛驢編譯　180元
32. 偵探常識解謎　小毛驢編譯　130元
33. 偵探推理遊戲　小毛驢編譯　130元
34. 趣味的超魔術　廖玉山編著　150元
35. 趣味的珍奇發明　柯素娥編著　150元
36. 登山用具與技巧　陳瑞菊編著　150元
37. 性的漫談　蘇燕謀編著　180元
38. 無的漫談　蘇燕謀編著　180元
39. 黑色漫談　蘇燕謀編著　180元
40. 白色漫談　蘇燕謀編著　180元

·健康天地· 電腦編號 18

1. 壓力的預防與治療　柯素娥編譯　130元
2. 超科學氣的魔力　柯素娥編譯　130元
3. 尿療法治病的神奇　中尾良一著　130元
4. 鐵證如山的尿療法奇蹟　廖玉山譯　120元
5. 一日斷食健康法　葉慈容編譯　150元
6. 胃部強健法　陳炳崑譯　120元
7. 癌症早期檢查法　廖松濤譯　160元
8. 老人痴呆症防止法　柯素娥編譯　130元
9. 松葉汁健康飲料　陳麗芬編譯　130元
10. 揉肚臍健康法　永井秋夫著　150元
11. 過勞死、猝死的預防　卓秀貞編譯　130元
12. 高血壓治療與飲食　藤山順豐著　180元
13. 老人看護指南　柯素娥編譯　150元
14. 美容外科淺談　楊啟宏著　150元
15. 美容外科新境界　楊啟宏著　150元
16. 鹽是天然的醫生　西英司郎著　140元
17. 年輕十歲不是夢　梁瑞麟譯　200元
18. 茶料理治百病　桑野和民著　180元
19. 綠茶治病寶典　桑野和民著　150元
20. 杜仲茶養顏減肥法　西田博著　150元
21. 蜂膠驚人療效　瀨長良三郎著　180元
22. 蜂膠治百病　瀨長良三郎著　180元
23. 醫藥與生活(一)　鄭炳全著　180元
24. 鈣長生寶典　落合敏著　180元
25. 大蒜長生寶典　木下繁太郎著　160元
26. 居家自我健康檢查　石川恭三著　160元
27. 永恆的健康人生　李秀鈴譯　200元
28. 大豆卵磷脂長生寶典　劉雪卿譯　150元
29. 芳香療法　梁艾琳譯　160元

30. 醋長生寶典	柯素娥譯	180 元
31. 從星座透視健康	席拉・吉蒂斯著	180 元
32. 愉悅自在保健學	野本二士夫著	160 元
33. 裸睡健康法	丸山淳士等著	160 元
34. 糖尿病預防與治療	藤田順豐著	180 元
35. 維他命長生寶典	菅原明子著	180 元
36. 維他命 C 新效果	鐘文訓編	150 元
37. 手、腳病理按摩	堤芳朗著	160 元
38. AIDS 瞭解與預防	彼得塔歇爾著	180 元
39. 甲殼質殼聚糖健康法	沈永嘉譯	160 元
40. 神經痛預防與治療	木下真男著	160 元
41. 室內身體鍛鍊法	陳炳崑編著	160 元
42. 吃出健康藥膳	劉大器編著	180 元
43. 自我指壓術	蘇燕謀編著	160 元
44. 紅蘿蔔汁斷食療法	李玉瓊編著	150 元
45. 洗心術健康秘法	竺翠萍編譯	170 元
46. 枇杷葉健康療法	柯素娥編譯	180 元
47. 抗衰血癒	楊啟宏著	180 元
48. 與癌搏鬥記	逸見政孝著	180 元
49. 冬蟲夏草長生寶典	高橋義博著	170 元
50. 痔瘡・大腸疾病先端療法	宮島伸宜著	180 元
51. 膠布治癒頑固慢性病	加瀨建造著	180 元
52. 芝麻神奇健康法	小林貞作著	170 元
53. 香煙能防止癡呆？	高田明和著	180 元
54. 穀菜食治癌療法	佐藤成志著	180 元
55. 貼藥健康法	松原英多著	180 元
56. 克服癌症調和道呼吸法	帶津良一著	180 元
57. B 型肝炎預防與治療	野村喜重郎著	180 元
58. 青春永駐養生導引術	早島正雄著	180 元
59. 改變呼吸法創造健康	原久子著	180 元
60. 荷爾蒙平衡養生秘訣	出村博著	180 元
61. 水美肌健康法	井戶勝富著	170 元
62. 認識食物掌握健康	廖梅珠編著	170 元
63. 痛風劇痛消除法	鈴木吉彥著	180 元
64. 酸莖菌驚人療效	上田明彥著	180 元
65. 大豆卵磷脂治現代病	神津健一著	200 元
66. 時辰療法—危險時刻凌晨 4 時	呂建強等著	180 元
67. 自然治癒力提升法	帶津良一著	180 元
68. 巧妙的氣保健法	藤平墨子著	180 元
69. 治癒 C 型肝炎	熊田博光著	180 元
70. 肝臟病預防與治療	劉名揚編著	180 元
71. 腰痛平衡療法	荒井政信著	180 元
72. 根治多汗症、狐臭	稻葉益巳著	220 元
73. 40 歲以後的骨質疏鬆症	沈永嘉譯	180 元

74. 認識中藥　松下一成著　180 元
75. 認識氣的科學　佐佐木茂美著　180 元
76. 我戰勝了癌症　安田伸著　180 元
77. 斑點是身心的危險信號　中野進著　180 元
78. 艾波拉病毒大震撼　玉川重德著　180 元
79. 重新還我黑髮　桑名隆一郎著　180 元
80. 身體節律與健康　林博史著　180 元
81. 生薑治萬病　石原結實著　180 元
82. 靈芝治百病　陳瑞東著　180 元
83. 木炭驚人的威力　大槻彰著　200 元
84. 認識活性氧　井土貴司著　180 元
85. 深海鮫治百病　廖玉山編著　180 元
86. 神奇的蜂王乳　井上丹治著　180 元
87. 卡拉 OK 健腦法　東潔著　180 元
88. 卡拉 OK 健康法　福田伴男著　180 元
89. 醫藥與生活㈡　鄭炳全著　200 元
90. 洋蔥治百病　宮尾興平著　180 元
91. 年輕 10 歲快步健康法　石塚忠雄著　180 元
92. 石榴的驚人神效　岡本順子著　180 元
93. 飲料健康法　白鳥早奈英著　180 元
94. 健康棒體操　劉名揚編譯　180 元
95. 催眠健康法　蕭京凌編著　180 元
96. 鬱金（美王）治百病　水野修一著　180 元

・實用女性學講座・電腦編號 19

1. 解讀女性內心世界　島田一男著　150 元
2. 塑造成熟的女性　島田一男著　150 元
3. 女性整體裝扮學　黃靜香編著　180 元
4. 女性應對禮儀　黃靜香編著　180 元
5. 女性婚前必修　小野十傳著　200 元
6. 徹底瞭解女人　田口二州著　180 元
7. 拆穿女性謊言 88 招　島田一男著　200 元
8. 解讀女人心　島田一男著　200 元
9. 俘獲女性絕招　志賀貢著　200 元
10. 愛情的壓力解套　中村理英子著　200 元
11. 妳是人見人愛的女孩　廖松濤編著　200 元

・校園系列・電腦編號 20

1. 讀書集中術　多湖輝著　180 元
2. 應考的訣竅　多湖輝著　150 元
3. 輕鬆讀書贏得聯考　多湖輝著　150 元

4. 讀書記憶秘訣	多湖輝著	150 元
5. 視力恢復！超速讀術	江錦雲譯	180 元
6. 讀書 36 計	黃柏松編著	180 元
7. 驚人的速讀術	鐘文訓編著	170 元
8. 學生課業輔導良方	多湖輝著	180 元
9. 超速讀超記憶法	廖松濤編著	180 元
10. 速算解題技巧	宋釗宜編著	200 元
11. 看圖學英文	陳炳崑編著	200 元
12. 讓孩子最喜歡數學	沈永嘉譯	180 元
13. 催眠記憶術	林碧清譯	180 元
14. 催眠速讀術	林碧清譯	180 元
15. 數學式思考學習法	劉淑錦譯	200 元
16. 考試憑要領	劉孝暉著	180 元
17. 事半功倍讀書法	王毅希著	200 元
18. 超金榜題名術	陳蒼杰譯	200 元

・實用心理學講座・電腦編號 21

1. 拆穿欺騙伎倆	多湖輝著	140 元
2. 創造好構想	多湖輝著	140 元
3. 面對面心理術	多湖輝著	160 元
4. 偽裝心理術	多湖輝著	140 元
5. 透視人性弱點	多湖輝著	140 元
6. 自我表現術	多湖輝著	180 元
7. 不可思議的人性心理	多湖輝著	180 元
8. 催眠術入門	多湖輝著	150 元
9. 責罵部屬的藝術	多湖輝著	150 元
10. 精神力	多湖輝著	150 元
11. 厚黑說服術	多湖輝著	150 元
12. 集中力	多湖輝著	150 元
13. 構想力	多湖輝著	150 元
14. 深層心理術	多湖輝著	160 元
15. 深層語言術	多湖輝著	160 元
16. 深層說服術	多湖輝著	180 元
17. 掌握潛在心理	多湖輝著	160 元
18. 洞悉心理陷阱	多湖輝著	180 元
19. 解讀金錢心理	多湖輝著	180 元
20. 拆穿語言圈套	多湖輝著	180 元
21. 語言的內心玄機	多湖輝著	180 元
22. 積極力	多湖輝著	180 元

・超現實心理講座・電腦編號 22

1. 超意識覺醒法	詹蔚芬編譯	130 元
2. 護摩秘法與人生	劉名揚編譯	130 元
3. 秘法！超級仙術入門	陸明譯	150 元
4. 給地球人的訊息	柯素娥編著	150 元
5. 密教的神通力	劉名揚編著	130 元
6. 神秘奇妙的世界	平川陽一著	200 元
7. 地球文明的超革命	吳秋嬌譯	200 元
8. 力量石的秘密	吳秋嬌譯	180 元
9. 超能力的靈異世界	馬小莉譯	200 元
10. 逃離地球毀滅的命運	吳秋嬌譯	200 元
11. 宇宙與地球終結之謎	南山宏著	200 元
12. 驚世奇功揭秘	傅起鳳著	200 元
13. 啟發身心潛力心象訓練法	栗田昌裕著	180 元
14. 仙道術遁甲法	高藤聰一郎著	220 元
15. 神通力的秘密	中岡俊哉著	180 元
16. 仙人成仙術	高藤聰一郎著	200 元
17. 仙道符咒氣功法	高藤聰一郎著	220 元
18. 仙道風水術尋龍法	高藤聰一郎著	200 元
19. 仙道奇蹟超幻像	高藤聰一郎著	200 元
20. 仙道鍊金術房中法	高藤聰一郎著	200 元
21. 奇蹟超醫療治癒難病	深野一幸著	220 元
22. 揭開月球的神秘力量	超科學研究會	180 元
23. 西藏密教奧義	高藤聰一郎著	250 元
24. 改變你的夢術入門	高藤聰一郎著	250 元
25. 21 世紀拯救地球超技術	深野一幸著	250 元

・養 生 保 健・電腦編號 23

1. 醫療養生氣功	黃孝寬著	250 元
2. 中國氣功圖譜	余功保著	250 元
3. 少林醫療氣功精粹	井玉蘭著	250 元
4. 龍形實用氣功	吳大才等著	220 元
5. 魚戲增視強身氣功	宮　嬰著	220 元
6. 嚴新氣功	前新培金著	250 元
7. 道家玄牝氣功	張　章著	200 元
8. 仙家秘傳袪病功	李遠國著	160 元
9. 少林十大健身功	秦慶豐著	180 元
10. 中國自控氣功	張明武著	250 元
11. 醫療防癌氣功	黃孝寬著	250 元
12. 醫療強身氣功	黃孝寬著	250 元
13. 醫療點穴氣功	黃孝寬著	250 元

14. 中國八卦如意功	趙維漢著	180 元
15. 正宗馬禮堂養氣功	馬禮堂著	420 元
16. 秘傳道家筋經內丹功	王慶餘著	280 元
17. 三元開慧功	辛桂林著	250 元
18. 防癌治癌新氣功	郭　林著	180 元
19. 禪定與佛家氣功修煉	劉天君著	200 元
20. 顛倒之術	梅自強著	360 元
21. 簡明氣功辭典	吳家駿編	360 元
22. 八卦三合功	張全亮著	230 元
23. 朱砂掌健身養生功	楊永著	250 元
24. 抗老功	陳九鶴著	230 元
25. 意氣按穴排濁自療法	黃啟運編著	250 元
26. 陳式太極拳養生功	陳正雷著	200 元
27. 健身祛病小功法	王培生著	200 元
28. 張式太極混元功	張春銘著	250 元

・社會人智囊・電腦編號 24

1. 糾紛談判術	清水增三著	160 元
2. 創造關鍵術	淺野八郎著	150 元
3. 觀人術	淺野八郎著	180 元
4. 應急詭辯術	廖英迪編著	160 元
5. 天才家學習術	木原武一著	160 元
6. 貓型狗式鑑人術	淺野八郎著	180 元
7. 逆轉運掌握術	淺野八郎著	180 元
8. 人際圓融術	澀谷昌三著	160 元
9. 解讀人心術	淺野八郎著	180 元
10. 與上司水乳交融術	秋元隆司著	180 元
11. 男女心態定律	小田晉著	180 元
12. 幽默說話術	林振輝編著	200 元
13. 人能信賴幾分	淺野八郎著	180 元
14. 我一定能成功	李玉瓊譯	180 元
15. 獻給青年的嘉言	陳蒼杰譯	180 元
16. 知人、知面、知其心	林振輝編著	180 元
17. 塑造堅強的個性	坂上肇著	180 元
18. 為自己而活	佐藤綾子著	180 元
19. 未來十年與愉快生活有約	船井幸雄著	180 元
20. 超級銷售話術	杜秀卿譯	180 元
21. 感性培育術	黃靜香編著	180 元
22. 公司新鮮人的禮儀規範	蔡媛惠譯	180 元
23. 傑出職員鍛鍊術	佐佐木正著	180 元
24. 面談獲勝戰略	李芳黛譯	180 元
25. 金玉良言撼人心	森純大著	180 元
26. 男女幽默趣典	劉華亭編著	180 元

27. 機智說話術	劉華亭編著	180元
28. 心理諮商室	柯素娥譯	180元
29. 如何在公司崢嶸頭角	佐佐木正著	180元
30. 機智應對術	李玉瓊編著	200元
31. 克服低潮良方	坂野雄二著	180元
32. 智慧型說話技巧	沈永嘉編著	180元
33. 記憶力、集中力增進術	廖松濤編著	180元
34. 女職員培育術	林慶旺編著	180元
35. 自我介紹與社交禮儀	柯素娥編著	180元
36. 積極生活創幸福	田中真澄著	180元
37. 妙點子超構想	多湖輝著	180元
38. 說NO的技巧	廖玉山編著	180元
39. 一流說服力	李玉瓊編著	180元
40. 般若心經成功哲學	陳鴻蘭編著	180元
41. 訪問推銷術	黃靜香編著	180元
42. 男性成功秘訣	陳蒼杰編著	180元
43. 笑容、人際智商	宮川澄子著	180元
44. 多湖輝的構想工作室	多湖輝著	200元
45. 名人名語啟示錄	喬家楓著	180元
46. 口才必勝術	黃柏松編著	220元
47. 能言善道的說話術	章智冠編著	180元
48. 改變人心成為贏家	多湖輝著	200元
49. 說服的ＩＱ	沈永嘉譯	200元
50. 提升腦力超速讀術	齊藤英治著	200元
51. 操控對手百戰百勝	多湖輝著	200元

・精 選 系 列・電腦編號25

1. 毛澤東與鄧小平	渡邊利夫等著	280元
2. 中國大崩裂	江戶介雄著	180元
3. 台灣・亞洲奇蹟	上村幸治著	220元
4. 7-ELEVEN高盈收策略	國友隆一著	180元
5. 台灣獨立（新・中國日本戰爭一）	森詠著	200元
6. 迷失中國的末路	江戶雄介著	220元
7. 2000年5月全世界毀滅	紫藤甲子男著	180元
8. 失去鄧小平的中國	小島朋之著	220元
9. 世界史爭議性異人傳	桐生操著	200元
10. 淨化心靈享人生	松濤弘道著	220元
11. 人生心情診斷	賴藤和寬著	220元
12. 中美大決戰	檜山良昭著	220元
13. 黃昏帝國美國	莊雯琳譯	220元
14. 兩岸衝突（新・中國日本戰爭二）	森詠著	220元
15. 封鎖台灣（新・中國日本戰爭三）	森詠著	220元
16. 中國分裂（新・中國日本戰爭四）	森詠著	220元

17. 由女變男的我　虎井正衛著　200元
18. 佛學的安心立命　松濤弘道著　220元
19. 世界喪禮大觀　松濤弘道著　280元
20. 中國內戰（新・中國日本戰爭五）　森詠著　220元
21. 台灣內亂（新・中國日本戰爭六）　森詠著　220元
22. 琉球戰爭①（新・中國日本戰爭七）　森詠著　220元
23. 琉球戰爭②（新・中國日本戰爭八）　森詠著　220元

・運動遊戲・電腦編號 26

1. 雙人運動　李玉瓊譯　160元
2. 愉快的跳繩運動　廖玉山譯　180元
3. 運動會項目精選　王佑京譯　150元
4. 肋木運動　廖玉山譯　150元
5. 測力運動　王佑宗譯　150元
6. 游泳入門　唐桂萍編著　200元

・休閒娛樂・電腦編號 27

1. 海水魚飼養法　田中智浩著　300元
2. 金魚飼養法　曾雪玫譯　250元
3. 熱門海水魚　毛利匡明著　480元
4. 愛犬的教養與訓練　池田好雄著　250元
5. 狗教養與疾病　杉浦哲著　220元
6. 小動物養育技巧　三上昇著　300元
7. 水草選擇、培育、消遣　安齊裕司著　300元
8. 四季釣魚法　釣朋會著　200元
9. 簡易釣魚入門　張果馨譯　200元
10. 防波堤釣入門　張果馨譯　220元
20. 園藝植物管理　船越亮二著　220元
40. 撲克牌遊戲與贏牌秘訣　林振輝編著　180元
41. 撲克牌魔術、算命、遊戲　林振輝編著　180元
42. 撲克占卜入門　王家成編著　180元
50. 兩性幽默　幽默選集編輯組　180元
51. 異色幽默　幽默選集編輯組　180元

・銀髮族智慧學・電腦編號 28

1. 銀髮六十樂逍遙　多湖輝著　170元
2. 人生六十反年輕　多湖輝著　170元
3. 六十歲的決斷　多湖輝著　170元
4. 銀髮族健身指南　孫瑞台編著　250元
5. 退休後的夫妻健康生活　施聖茹譯　200元

・飲 食 保 健・電腦編號 29

1.	自己製作健康茶	大海淳著	220 元
2.	好吃、具藥效茶料理	德永睦子著	220 元
3.	改善慢性病健康藥草茶	吳秋嬌譯	200 元
4.	藥酒與健康果菜汁	成玉編著	250 元
5.	家庭保健養生湯	馬汴梁編著	220 元
6.	降低膽固醇的飲食	早川和志著	200 元
7.	女性癌症的飲食	女子營養大學	280 元
8.	痛風者的飲食	女子營養大學	280 元
9.	貧血者的飲食	女子營養大學	280 元
10.	高脂血症者的飲食	女子營養大學	280 元
11.	男性癌症的飲食	女子營養大學	280 元
12.	過敏者的飲食	女子營養大學	280 元
13.	心臟病的飲食	女子營養大學	280 元
14.	滋陰壯陽的飲食	王增著	220 元
15.	胃、十二指腸潰瘍的飲食	勝健一等著	280 元
16.	肥胖者的飲食	雨宮禎子等著	280 元

・家庭醫學保健・電腦編號 30

1.	女性醫學大全	雨森良彥著	380 元
2.	初為人父育兒寶典	小瀧周曹著	220 元
3.	性活力強健法	相建華著	220 元
4.	30 歲以上的懷孕與生產	李芳黛編著	220 元
5.	舒適的女性更年期	野末悅子著	200 元
6.	夫妻前戲的技巧	笠井寬司著	200 元
7.	病理足穴按摩	金慧明著	220 元
8.	爸爸的更年期	河野孝旺著	200 元
9.	橡皮帶健康法	山田晶著	180 元
10.	三十三天健美減肥	相建華等著	180 元
11.	男性健美入門	孫玉祿編著	180 元
12.	強化肝臟秘訣	主婦の友社編	200 元
13.	了解藥物副作用	張果馨譯	200 元
14.	女性醫學小百科	松山榮吉著	200 元
15.	左轉健康法	龜田修等著	200 元
16.	實用天然藥物	鄭炳全編著	260 元
17.	神秘無痛平衡療法	林宗駛著	180 元
18.	膝蓋健康法	張果馨譯	180 元
19.	針灸治百病	葛書翰著	250 元
20.	異位性皮膚炎治癒法	吳秋嬌譯	220 元
21.	禿髮白髮預防與治療	陳炳崑編著	180 元
22.	埃及皇宮菜健康法	飯森薰著	200 元

23. 肝臟病安心治療	上野幸久著	220 元
24. 耳穴治百病	陳抗美等著	250 元
25. 高效果指壓法	五十嵐康彥著	200 元
26. 瘦水、胖水	鈴木園子著	200 元
27. 手針新療法	朱振華著	200 元
28. 香港腳預防與治療	劉小惠譯	250 元
29. 智慧飲食吃出健康	柯富陽編著	200 元
30. 牙齒保健法	廖玉山編著	200 元
31. 恢復元氣養生食	張果馨譯	200 元
32. 特效推拿按摩術	李玉田著	200 元
33. 一週一次健康法	若狹真著	200 元
34. 家常科學膳食	大塚滋著	220 元
35. 夫妻們關心的男性不孕	原利夫著	220 元
36. 自我瘦身美容	馬野詠子著	200 元
37. 魔法姿勢益健康	五十嵐康彥著	200 元
38. 眼病錘療法	馬栩周著	200 元
39. 預防骨質疏鬆症	藤田拓男著	200 元
40. 骨質增生效驗方	李吉茂編著	250 元
41. 蕺菜健康法	小林正夫著	200 元
42. 赧於啟齒的男性煩惱	增田豐著	220 元
43. 簡易自我健康檢查	稻葉允著	250 元
44. 實用花草健康法	友田純子著	200 元
45. 神奇的手掌療法	日比野喬著	230 元
46. 家庭式三大穴道療法	刑部忠和著	200 元
47. 子宮癌、卵巢癌	岡島弘幸著	220 元
48. 糖尿病機能性食品	劉雪卿編著	220 元
49. 奇蹟活現經脈美容法	林振輝編譯	200 元
50. Super SEX	秋好憲一著	220 元
51. 了解避孕丸	林玉佩譯	200 元
52. 有趣的遺傳學	蕭京凌編著	200 元
53. 強身健腦手指運動	羅群等著	250 元
54. 小周天健康法	莊雯琳譯	200 元
55. 中西醫結合醫療	陳蒼杰譯	200 元
56. 沐浴健康法	楊鴻儒譯	200 元
57. 節食瘦身秘訣	張芷欣編著	200 元

・超經營新智慧・電腦編號 31

1. 躍動的國家越南	林雅倩譯	250 元
2. 甦醒的小龍菲律賓	林雅倩譯	220 元
3. 中國的危機與商機	中江要介著	250 元
4. 在印度的成功智慧	山內利男著	220 元
5. 7-ELEVEN 大革命	村上豐道著	200 元
6. 業務員成功秘方	呂育清編著	200 元

7. 在亞洲成功的智慧　鈴木讓二著　220 元
8. 圖解活用經營管理　山際有文著　220 元
9. 速效行銷學　江尻弘著　220 元

・親子系列・電腦編號 32

1. 如何使孩子出人頭地　多湖輝著　200 元
2. 心靈啟蒙教育　多湖輝著　280 元

・雅致系列・電腦編號 33

1. 健康食譜春冬篇　丸元淑生著　200 元
2. 健康食譜夏秋篇　丸元淑生著　200 元
3. 純正家庭料理　陳建民等著　200 元
4. 家庭四川菜　陳建民著　200 元
5. 醫食同源健康美食　郭長聚著　200 元
6. 家族健康食譜　東畑朝子著　200 元

・美術系列・電腦編號 34

1. 可愛插畫集　鉛筆等著　220 元
2. 人物插畫集　鉛筆等著　220 元

・心 靈 雅 集・電腦編號 00

1. 禪言佛語看人生　松濤弘道著　180 元
2. 禪密教的奧秘　葉逯謙譯　120 元
3. 觀音大法力　田口日勝著　120 元
4. 觀音法力的大功德　田口日勝著　120 元
5. 達摩禪 106 智慧　劉華亭編譯　220 元
6. 有趣的佛教研究　葉逯謙編譯　170 元
7. 夢的開運法　蕭京凌譯　180 元
8. 禪學智慧　柯素娥編譯　130 元
9. 女性佛教入門　許俐萍譯　110 元
10. 佛像小百科　心靈雅集編譯組　130 元
11. 佛教小百科趣談　心靈雅集編譯組　120 元
12. 佛教小百科漫談　心靈雅集編譯組　150 元
13. 佛教知識小百科　心靈雅集編譯組　150 元
14. 佛學名言智慧　松濤弘道著　220 元
15. 釋迦名言智慧　松濤弘道著　220 元
16. 活人禪　平田精耕著　120 元
17. 坐禪入門　柯素娥編譯　150 元
18. 現代禪悟　柯素娥編譯　130 元

19. 道元禪師語錄	心靈雅集編譯組	130 元
20. 佛學經典指南	心靈雅集編譯組	130 元
21. 何謂「生」阿含經	心靈雅集編譯組	150 元
22. 一切皆空　般若心經	心靈雅集編譯組	180 元
23. 超越迷惘　法句經	心靈雅集編譯組	130 元
24. 開拓宇宙觀　華嚴經	心靈雅集編譯組	180 元
25. 真實之道　法華經	心靈雅集編譯組	130 元
26. 自由自在　涅槃經	心靈雅集編譯組	130 元
27. 沈默的教示　維摩經	心靈雅集編譯組	150 元
28. 開通心眼　佛語佛戒	心靈雅集編譯組	130 元
29. 揭秘寶庫　密教經典	心靈雅集編譯組	180 元
30. 坐禪與養生	廖松濤譯	110 元
31. 釋尊十戒	柯素娥編譯	120 元
32. 佛法與神通	劉欣如編著	120 元
33. 悟（正法眼藏的世界）	柯素娥編譯	120 元
34. 只管打坐	劉欣如編著	120 元
35. 喬答摩・佛陀傳	劉欣如編著	120 元
36. 唐玄奘留學記	劉欣如編著	120 元
37. 佛教的人生觀	劉欣如編譯	110 元
38. 無門關(上卷)	心靈雅集編譯組	150 元
39. 無門關(下卷)	心靈雅集編譯組	150 元
40. 業的思想	劉欣如編著	130 元
41. 佛法難學嗎	劉欣如著	140 元
42. 佛法實用嗎	劉欣如著	140 元
43. 佛法殊勝嗎	劉欣如著	140 元
44. 因果報應法則	李常傳編	180 元
45. 佛教醫學的奧秘	劉欣如編著	150 元
46. 紅塵絕唱	海　若著	130 元
47. 佛教生活風情	洪丕謨、姜玉珍著	220 元
48. 行住坐臥有佛法	劉欣如著	160 元
49. 起心動念是佛法	劉欣如著	160 元
50. 四字禪語	曹洞宗青年會	200 元
51. 妙法蓮華經	劉欣如編著	160 元
52. 根本佛教與大乘佛教	葉作森編	180 元
53. 大乘佛經	定方晟著	180 元
54. 須彌山與極樂世界	定方晟著	180 元
55. 阿闍世的悟道	定方晟著	180 元
56. 金剛經的生活智慧	劉欣如著	180 元
57. 佛教與儒教	劉欣如編譯	180 元
58. 佛教史入門	劉欣如編譯	180 元
59. 印度佛教思想史	劉欣如編譯	200 元
60. 佛教與女姓	劉欣如編譯	180 元
61. 禪與人生	洪丕謨主編	260 元
62. 領悟佛經的智慧	劉欣如著	200 元

·經營管理· 電腦編號 01

◎ 創新經營管理六十六大計(精)	蔡弘文編	780 元
1. 如何獲取生意情報	蘇燕謀譯	110 元
2. 經濟常識問答	蘇燕謀譯	130 元
4. 台灣商戰風雲錄	陳中雄著	120 元
5. 推銷大王秘錄	原一平著	180 元
6. 新創意・賺大錢	王家成譯	90 元
7. 工廠管理新手法	琪 輝著	120 元
10. 美國實業 24 小時	柯順隆譯	80 元
11. 撼動人心的推銷法	原一平著	150 元
12. 高竿經營法	蔡弘文編	120 元
13. 如何掌握顧客	柯順隆譯	150 元
17. 一流的管理	蔡弘文編	150 元
18. 外國人看中韓經濟	劉華亭譯	150 元
20. 突破商場人際學	林振輝編著	90 元
22. 如何使女人打開錢包	林振輝編著	100 元
24. 小公司經營策略	王嘉誠著	160 元
25. 成功的會議技巧	鐘文訓編譯	100 元
26. 新時代老闆學	黃柏松編著	100 元
27. 如何創造商場智囊團	林振輝編譯	150 元
28. 十分鐘推銷術	林振輝編譯	180 元
29. 五分鐘育才	黃柏松編譯	100 元
33. 自我經濟學	廖松濤編譯	100 元
34. 一流的經營	陶田生編著	120 元
35. 女性職員管理術	王昭國編譯	120 元
36. ＩＢＭ的人事管理	鐘文訓編譯	150 元
37. 現代電腦常識	王昭國編譯	150 元
38. 電腦管理的危機	鐘文訓編譯	120 元
39. 如何發揮廣告效果	王昭國編譯	150 元
40. 最新管理技巧	王昭國編譯	150 元
41. 一流推銷術	廖松濤編譯	150 元
42. 包裝與促銷技巧	王昭國編譯	130 元
43. 企業王國指揮塔	松下幸之助著	120 元
44. 企業精銳兵團	松下幸之助著	120 元
45. 企業人事管理	松下幸之助著	100 元
46. 華僑經商致富術	廖松濤編譯	130 元
47. 豐田式銷售技巧	廖松濤編譯	180 元
48. 如何掌握銷售技巧	王昭國編著	130 元
50. 洞燭機先的經營	鐘文訓編譯	150 元
52. 新世紀的服務業	鐘文訓編譯	100 元
53. 成功的領導者	廖松濤編譯	120 元
54. 女推銷員成功術	李玉瓊編譯	130 元

55. ＩＢＭ人才培育術	鐘文訓編譯	100元
56. 企業人自我突破法	黃琪輝編著	150元
58. 財富開發術	蔡弘文編著	130元
59. 成功的店舖設計	鐘文訓編著	150元
61. 企管回春法	蔡弘文編著	130元
62. 小企業經營指南	鐘文訓編譯	100元
63. 商場致勝名言	鐘文訓編譯	150元
64. 迎接商業新時代	廖松濤編譯	100元
66. 新手股票投資入門	何朝乾編著	200元
67. 上揚股與下跌股	何朝乾編譯	180元
68. 股票速成學	何朝乾編譯	200元
69. 理財與股票投資策略	黃俊豪編著	180元
70. 黃金投資策略	黃俊豪編著	180元
71. 厚黑管理學	廖松濤編譯	180元
72. 股市致勝格言	呂梅莎編譯	180元
73. 透視西武集團	林谷燁編譯	150元
76. 巡迴行銷術	陳蒼杰譯	150元
77. 推銷的魔術	王嘉誠譯	120元
78. 60 秒指導部屬	周蓮芬編譯	150元
79. 精銳女推銷員特訓	李玉瓊編譯	130元
80. 企劃、提案、報告圖表的技巧	鄭汶譯	180元
81. 海外不動產投資	許達守編譯	150元
82. 八百伴的世界策略	李玉瓊譯	150元
83. 服務業品質管理	吳宜芬譯	180元
84. 零庫存銷售	黃東謙編譯	150元
85. 三分鐘推銷管理	劉名揚編譯	150元
86. 推銷大王奮鬥史	原一平著	150元
87. 豐田汽車的生產管理	林谷燁編譯	150元

・成 功 寶 庫・電腦編號 02

1. 上班族交際術	江森滋著	100元
2. 拍馬屁訣竅	廖玉山編譯	110元
4. 聽話的藝術	歐陽輝編譯	110元
9. 求職轉業成功術	陳義編著	110元
10. 上班族禮儀	廖玉山編著	120元
11. 接近心理學	李玉瓊編著	100元
12. 創造自信的新人生	廖松濤編著	120元
15. 神奇瞬間瞑想法	廖松濤編譯	100元
16. 人生成功之鑰	楊意苓編著	150元
19. 給企業人的諍言	鐘文訓編著	120元
20. 企業家自律訓練法	陳義編譯	100元
21. 上班族妖怪學	廖松濤編著	100元
22. 猶太人縱橫世界的奇蹟	孟佑政編著	110元

25. 你是上班族中強者	嚴思圖編著	100 元
30. 成功頓悟 100 則	蕭京凌編譯	130 元
32. 知性幽默	李玉瓊編譯	130 元
33. 熟記對方絕招	黃靜香編譯	100 元
37. 察言觀色的技巧	劉華亭編著	180 元
38. 一流領導力	施義彥編譯	120 元
40. 30 秒鐘推銷術	廖松濤編譯	150 元
42. 尖端時代行銷策略	陳蒼杰編著	100 元
43. 顧客管理學	廖松濤編著	100 元
44. 如何使對方說 Yes	程羲編著	150 元
47. 上班族口才學	楊鴻儒譯	120 元
48. 上班族新鮮人須知	程羲編著	120 元
49. 如何左右逢源	程羲編著	130 元
50. 語言的心理戰	多湖輝著	130 元
55. 性惡企業管理學	陳蒼杰譯	130 元
56. 自我啟發 200 招	楊鴻儒編著	150 元
57. 做個傑出女職員	劉名揚編著	130 元
58. 靈活的集團營運術	楊鴻儒編著	120 元
60. 個案研究活用法	楊鴻儒編著	130 元
61. 企業教育訓練遊戲	楊鴻儒編著	120 元
62. 管理者的智慧	程義編譯	130 元
63. 做個佼佼管理者	馬筱莉編譯	130 元
67. 活用禪學於企業	柯素娥編譯	130 元
69. 幽默詭辯術	廖玉山編譯	150 元
70. 拿破崙智慧箴言	柯素娥編譯	130 元
71. 自我培育・超越	蕭京凌編譯	150 元
74. 時間即一切	沈永嘉編譯	130 元
75. 自我脫胎換骨	柯素娥譯	150 元
76. 贏在起跑點　人才培育鐵則	楊鴻儒編譯	150 元
77. 做一枚活棋	李玉瓊編譯	130 元
78. 面試成功戰略	柯素娥編譯	130 元
81. 瞬間攻破心防法	廖玉山編譯	120 元
82. 改變一生的名言	李玉瓊編譯	130 元
83. 性格性向創前程	楊鴻儒編譯	130 元
84. 訪問行銷新竅門	廖玉山編譯	150 元
85. 無所不達的推銷話術	李玉瓊編譯	150 元

・處　世　智　慧・電腦編號 03

1. 如何改變你自己	陸明編譯	120 元
6. 靈感成功術	譚繼山編譯	80 元
8. 扭轉一生的五分鐘	黃柏松編譯	100 元
10. 現代人的詭計	林振輝譯	100 元
14. 女性的智慧	譚繼山編譯	90 元

16. 人生的體驗	陸明編譯	80元
18. 幽默吹牛術	金子登著	90元
24. 慧心良言	亦奇著	80元
25. 名家慧語	蔡逸鴻主編	90元
28. 如何發揮你的潛能	陸明編譯	90元
29. 女人身態語言學	李常傳譯	130元
30. 摸透女人心	張文志譯	90元
32. 給女人的悄悄話	妮倩編譯	90元
36. 成功的捷徑	鐘文訓譯	70元
37. 幽默逗笑術	林振輝著	120元
38. 活用血型讀書法	陳炳崑譯	80元
39. 心　燈	葉于模著	100元
41. 心・體・命運	蘇燕謀譯	70元
43. 宮本武藏五輪書金言錄	宮本武藏著	100元
47. 成熟的愛	林振輝譯	120元
48. 現代女性駕馭術	蔡德華著	90元
49. 禁忌遊戲	酒井潔著	90元
53. 如何達成願望	謝世輝著	90元
54. 創造奇蹟的「想念法」	謝世輝著	90元
55. 創造成功奇蹟	謝世輝著	90元
57. 幻想與成功	廖松濤譯	80元
58. 反派角色的啟示	廖松濤編譯	70元
59. 現代女性須知	劉華亭編著	75元
62. 如何突破內向	姜倩怡編譯	110元
64. 讀心術入門	王家成編譯	100元
65. 如何解除內心壓力	林美羽編著	110元
66. 取信於人的技巧	多湖輝著	110元
68. 自我能力的開拓	卓一凡編著	110元
70. 縱橫交涉術	嚴思圖編著	90元
71. 如何培養妳的魅力	劉文珊編著	90元
75. 個性膽怯者的成功術	廖松濤編譯	100元
76. 人性的光輝	文可式編著	90元
79. 培養靈敏頭腦秘訣	廖玉山編著	90元
80. 夜晚心理術	鄭秀美編譯	80元
81. 如何做個成熟的女性	李玉瓊編著	80元
82. 現代女性成功術	劉文珊編著	90元
83. 成功說話技巧	梁惠珠編譯	100元
84. 人生的真諦	鐘文訓編譯	100元
87. 指尖・頭腦體操	蕭京凌編譯	90元
88. 電話應對禮儀	蕭京凌編著	120元
89. 自我表現的威力	廖松濤編譯	100元
91. 男與女的哲思	程鐘梅編譯	110元
92. 靈思慧語	牧風著	110元
93. 心靈夜語	牧風著	100元

94. 激盪腦力訓練	廖松濤編譯	100元
95. 三分鐘頭腦活性法	廖玉山編譯	110元
96. 星期一的智慧	廖玉山編譯	100元
97. 溝通說服術	賴文琇編譯	100元

・健康與美容・電腦編號 04

3. 媚酒傳(中國王朝秘酒)	陸明主編	120元
5. 中國回春健康術	蔡一藩著	100元
6. 奇蹟的斷食療法	蘇燕謀譯	130元
8. 健美食物法	陳炳崑譯	120元
9. 驚異的漢方療法	唐龍編著	90元
10. 不老強精食	唐龍編著	100元
12. 五分鐘跳繩健身法	蘇明達譯	100元
13. 睡眠健康法	王家成譯	80元
14. 你就是名醫	張芳明譯	90元
19. 釋迦長壽健康法	譚繼山譯	90元
20. 腳部按摩健康法	譚繼山譯	120元
21. 自律健康法	蘇明達譯	90元
23. 身心保健座右銘	張仁福著	160元
24. 腦中風家庭看護與運動治療	林振輝譯	100元
25. 秘傳醫學人相術	成玉主編	120元
26. 導引術入門(1)治療慢性病	成玉主編	110元
27. 導引術入門(2)健康・美容	成玉主編	110元
28. 導引術入門(3)身心健康法	成玉主編	110元
29. 妙用靈藥・蘆薈	李常傳譯	150元
30. 萬病回春百科	吳通華著	150元
31. 初次懷孕的10個月	成玉編譯	150元
32. 中國秘傳氣功治百病	陳炳崑編譯	130元
35. 仙人長生不老學	陸明編譯	100元
36. 釋迦秘傳米粒刺激法	鐘文訓譯	120元
37. 痔・治療與預防	陸明編譯	130元
38. 自我防身絕技	陳炳崑編譯	120元
39. 運動不足時疲勞消除法	廖松濤譯	110元
40. 三溫暖健康法	鐘文訓編譯	90元
43. 維他命與健康	鐘文訓譯	150元
45. 森林浴—綠的健康法	劉華亭編譯	80元
47. 導引術入門(4)酒浴健康法	成玉主編	90元
48. 導引術入門(5)不老回春法	成玉主編	90元
49. 山白竹(劍竹)健康法	鐘文訓譯	90元
50. 解救你的心臟	鐘文訓編譯	100元
52. 超人氣功法	陸明編譯	110元
54. 借力的奇蹟(1)	力拔山著	100元
55. 借力的奇蹟(2)	力拔山著	100元

56. 五分鐘小睡健康法	呂添發撰	120元
59. 艾草健康法	張汝明編譯	90元
60. 一分鐘健康診斷	蕭京凌編譯	90元
61. 念術入門	黃靜香編譯	90元
62. 念術健康法	黃靜香編譯	90元
63. 健身回春法	梁惠珠編譯	100元
64. 姿勢養生法	黃秀娟編譯	90元
65. 仙人瞑想法	鐘文訓譯	120元
66. 人蔘的神效	林慶旺譯	100元
67. 奇穴治百病	吳通華著	120元
68. 中國傳統健康法	靳海東著	100元
71. 酵素健康法	楊皓編譯	120元
73. 腰痛預防與治療	五味雅吉著	130元
74. 如何預防心臟病・腦中風	譚定長等著	100元
75. 少女的生理秘密	蕭京凌譯	120元
76. 頭部按摩與針灸	楊鴻儒譯	100元
77. 雙極療術入門	林聖道著	100元
78. 氣功自療法	梁景蓮著	120元
79. 大蒜健康法	李玉瓊編譯	120元
81. 健胸美容秘訣	黃靜香譯	120元
82. 鍺奇蹟療效	林宏儒譯	120元
83. 三分鐘健身運動	廖玉山譯	120元
84. 尿療法的奇蹟	廖玉山譯	120元
85. 神奇的聚積療法	廖玉山譯	120元
86. 預防運動傷害伸展體操	楊鴻儒編譯	120元
88. 五日就能改變你	柯素娥譯	110元
89. 三分鐘氣功健康法	陳美華譯	120元
91. 道家氣功術	早島正雄著	130元
92. 氣功減肥術	早島正雄著	120元
93. 超能力氣功法	柯素娥譯	130元
94. 氣的瞑想法	早島正雄著	120元

・家　庭／生　活・電腦編號 05

1. 單身女郎生活經驗談	廖玉山編著	100元
2. 血型・人際關係	黃靜編著	120元
3. 血型・妻子	黃靜編著	110元
4. 血型・丈夫	廖玉山編譯	130元
5. 血型・升學考試	沈永嘉編譯	120元
6. 血型・臉型・愛情	鐘文訓編譯	120元
7. 現代社交須知	廖松濤編譯	100元
8. 簡易家庭按摩	鐘文訓編譯	150元
9. 圖解家庭看護	廖玉山編譯	120元
10. 生男育女隨心所欲	岡正基編著	180元

11.家庭急救治療法	鐘文訓編著	100元
12.新孕婦體操	林曉鐘譯	120元
13.從食物改變個性	廖玉山編譯	100元
14.藥草的自然療法	東城百合子著	200元
15.糙米菜食與健康料理	東城百合子著	180元
16.現代人的婚姻危機	黃靜編著	90元
17.親子遊戲　0歲	林慶旺編譯	100元
18.親子遊戲　1～2歲	林慶旺編譯	110元
19.親子遊戲　3歲	林慶旺編譯	100元
20.女性醫學新知	林曉鐘編譯	180元
21.媽媽與嬰兒	張汝明編譯	180元
22.生活智慧百科	黃靜編譯	100元
23.手相・健康・你	林曉鐘編譯	120元
24.菜食與健康	張汝明編譯	110元
25.家庭素食料理	陳東達著	140元
26.性能力活用秘法	米開・尼里著	150元
27.兩性之間	林慶旺編譯	120元
28.性感經穴健康法	蕭京凌編譯	150元
29.幼兒推拿健康法	蕭京凌編譯	100元
30.談中國料理	丁秀山編著	100元
31.舌技入門	增田豐著	160元
32.預防癌症的飲食法	黃靜香編譯	150元
33.性與健康寶典	黃靜香編譯	180元
34.正確避孕法	蕭京凌編譯	180元
35.吃的更漂亮美容食譜	楊萬里著	120元
36.圖解交際舞速成	鐘文訓編譯	150元
37.觀相導引術	沈永嘉譯	130元
38.初為人母12個月	陳義譯	200元
39.圖解麻將入門	顧安行編譯	180元
40.麻將必勝秘訣	石利夫編譯	180元
41.女性一生與漢方	蕭京凌編譯	100元
42.家電的使用與修護	鐘文訓編譯	160元
43.錯誤的家庭醫療法	鐘文訓編譯	100元
44.簡易防身術	陳慧珍編譯	150元
45.茶健康法	鐘文訓編譯	130元
46.雞尾酒大全	劉雪卿譯	180元
47.生活的藝術	沈永嘉編著	120元
48.雜草雜果健康法	沈永嘉編著	120元
49.如何選擇理想妻子	荒谷慈著	110元
50.如何選擇理想丈夫	荒谷慈著	110元
51.中國食與性的智慧	根本光人著	150元
52.開運法話	陳宏男譯	100元
53.禪語經典＜上＞	平田精耕著	150元
54.禪語經典＜下＞	平田精耕著	150元

55. 手掌按摩健康法	鐘文訓譯	180 元
56. 腳底按摩健康法	鐘文訓譯	180 元
57. 仙道運氣健身法	李玉瓊譯	150 元
58. 健心、健體呼吸法	蕭京凌譯	120 元
59. 自彊術入門	蕭京凌譯	120 元
60. 指技入門	增田豐著	160 元
61. 下半身鍛鍊法	增田豐著	180 元
62. 表象式學舞法	黃靜香編譯	180 元
63. 圖解家庭瑜伽	鐘文訓譯	130 元
64. 食物治療寶典	黃靜香編譯	130 元
65. 智障兒保育入門	楊鴻儒譯	130 元
66. 自閉兒童指導入門	楊鴻儒譯	180 元
67. 乳癌發現與治療	黃靜香譯	130 元
68. 盆栽培養與欣賞	廖啟新編譯	180 元
69. 世界手語入門	蕭京凌編譯	180 元
70. 賽馬必勝法	李錦雀編譯	200 元
71. 中藥健康粥	蕭京凌編譯	120 元
72. 健康食品指南	劉文珊編譯	130 元
73. 健康長壽飲食法	鐘文訓編譯	150 元
74. 夜生活規則	增田豐著	160 元
75. 自製家庭食品	鐘文訓編譯	200 元
76. 仙道帝王招財術	廖玉山譯	130 元
77.「氣」的蓄財術	劉名揚譯	130 元
78. 佛教健康法入門	劉名揚譯	130 元
79. 男女健康醫學	郭汝蘭譯	150 元
80. 成功的果樹培育法	張煌編譯	130 元
81. 實用家庭菜園	孔翔儀編譯	130 元
82. 氣與中國飲食法	柯素娥編譯	130 元
83. 世界生活趣譚	林其英著	160 元
84. 胎教二八〇天	鄭淑美譯	220 元
85. 酒自己動手釀	柯素娥編著	160 元
86. 自己動「手」健康法	劉雪卿譯	160 元
87. 香味活用法	森田洋子著	160 元
88. 寰宇趣聞搜奇	林其英著	200 元
89. 手指回旋健康法	栗田昌裕著	200 元
90. 家庭巧妙收藏	蘇秀玉譯	200 元
91. 餐桌禮儀入門	風間璋子著	200 元
92. 住宅設計要訣	吉田春美著	200 元

・命理與預言・電腦編號 06

1. 12 星座算命術	訪星珠著	200 元
2. 中國式面相學入門	蕭京凌編著	180 元
3. 圖解命運學	陸明編著	200 元

國家圖書館出版品預行編目資料

星宿占星術/野中祐良、野中建三著；楊鴻儒譯
——初版，——臺北市，大展，2000〔民89〕
面；21公分，——（命理與預言；61）
ISBN 957-557-980-1（平裝）
1.占星術
292.22 88018203

星宿占星術

ISBN 957-557-980-1

原 著 者/ 野中祐良、野中建三
編 譯 者/ 楊 鴻 儒
發 行 人/ 蔡 森 明
出 版 者/ 大展出版社有限公司
社　　址/ 台北市北投區（石牌）致遠一路2段12巷1號
電　　話/（02）28236031・28236033
傳　　真/（02）28272069
郵政劃撥/ 01669551
登 記 證/ 局版臺業字第2171號
承 印 者/ 高星印刷品行
裝　　訂/ 日新裝訂所
排 版 者/ 弘益電腦排版有限公司
電　　話/（02）27112792
初版1刷/ 2000年（民89年） 3月

定 價/ 220元

大展好書 好書大展

大展好書 好書大展

大展好書　好書大展